みんな自分らしくいるための
はじめてのLGBT

遠藤まめた Endo Mameta

★——ちくまプリマー新書

377

目次 ＊ Contents

イラスト　北村みなみ

はじめに

「まわりのみんなと違っていること」について、あなたはどう思いますか。

学生時代、私のまわりには変わっている友達がたくさんいました。筋トレマニアの友人は、通学電車の中でも握力グリップをぐりぐり握り締めていました。絵を描くのが上手だった友人は、セーラー服のままコンビニで「週刊プレイボーイ」の立ち読みをしていました。彼女が大好きなマンガがそこに連載されていたからです。「週刊プレイボーイ」はグラビアのお姉さんが表紙の雑誌で、私が通っていたのは明治時代に創設された伝統ある女子校でしたから「うちの生徒が制服姿でエッチな雑誌を立ち読みしている」と知った生徒指導の先生はカンカンでした。

立ち読みの現場をおさえられ、生徒指導の先生に「胸に手をあてて自分の行動を考えなさい」と言われた友人は、それから毎週、グラビア雑誌を「正しく」購入して教室でながめるようになりました。私たちはそんな友人のマイペースさがおかしくて「うちの学校はヘンなやつばかりだなぁ」と笑いました。「変人」という言葉は、褒め言葉でした。個性的であることは良いこと。ちがっていることは、面白いこと。

でも、ものごとには例外があるのだと、当時の私はこっそり思っていました。自分がトランスジェンダーだということ――女子校に通っているのに自分のことを男の子だと思っていて、セーラー服で登校するのが大っ嫌いだったこと――は、まわりの友達にほとんど話したことがなかったからです。話すのが重すぎるテーマだと感じていました。自分自身ですら、どうやって「このこと」を受け止めたらいいのか途方にくれてもいました。

「まわりのみんなと違っていること」の中には、とても素晴らしいこともあれば、自分でも消化しきれない、手に負えないようなものもあります。トランスジェンダーであることは後者でした。自分が「普通」に生まれていたら、ほかの男の子たちがそうしているみたいに、白いシャツにズボン姿の制服で、毎日楽しく過ごせただろうと思いました。自分が「普通」に生まれていたら、家族や先生や友達に、本当のことを打ち明けて、拒絶されることもないだろうと思いました。自分が「普通」に生まれていたら、自分の声が低くならないことや、自分の体型が女の子っぽく変化することに苦しむこともなかったと思いました。

こうして、自分の運命のどうしようもなさを呪うような日々を送っていましたが、このような時間は、大人になった今ふりかえれば、けっしてムダではなかったとも感じています。

私は現在三四歳で、こうして本を書いたり、性の多様性について学校の先生や子どもたちにお話しする活動をしています。たくさんの人と出会い、話をしてみると「まわりのみんなと違っていること」について複雑な想いを抱いている人が、実はたくさんいることに気づかされます。性別の悩みではなくても「本当は友達にこんなことを話したいけど、言えないんだ」とか「自分のこんな部分がきらいだ」とか、考えている人は結構います。

「まわりのみんなと違っていること」に悩む人が多いこと、トランスジェンダーではない人たちとも、その悩みをわかちあえることが多いことに気づいていくにつれ、だんだんと自分の運命のどうしようもなさを呪うのはやめようと思うようになりました。

普段は、性の多様性について学校で話している私ですが、もう少し踏み込んで「まわりのみんなと違っていること」について深く語れないかと思って、この本を書いてみることにしました。

第一章では、友達について深掘りしてみました。友達だからなんでも話せるかといえば、必ずしもそうではないときだってあるでしょう。秘密を抱えた友人関係は、なんでもオープンにできる友人関係に比べて「ニセモノ」なのでしょうか。もしだれにも打ち明けないと決めたとき、私たちの孤独を救うものはなんでしょうか。男の子が好きなハルキに登場してもらい、みなさんと一緒に考えます。

第二章では、個性について扱っています。個性を大切にしようと言われますが、個性の中には素晴らしいものも、当人としては全くうれしくないものもあります。また社会のルールが、そもそも個性を尊重しない路線で設定されてしまっていることもあります。学校生活の中にあるルールに疑問を持つふたりの中学生、ミキとサトシに登場してもらいました。

第三章では、恋愛について扱いました。モテることはいいことなの？　モテなかったら人生は終わってしまうの？　恋愛に関する「当たり前」って誰が作ったの？　モテすぎて困っている「魔性の女」メグに登場してもらいます。

第四章では、家族について考えます。どうして家族ってややこしいんでしょう。家庭内でプチ戦争を起こしてしまったトランスジェンダーのジュンとお母さん、そしてジュンの恋人である桜が登場して、家族のあり方について掘り下げます。

なお、この本では性的少数者を表す言葉として、LGBTという用語を使っています。LGBTとはレズビアン（女性の同性愛者）、ゲイ（男性の同性愛者）、バイセクシュアル（両性愛者）、トランスジェンダー（出生時の性別とは異なるジェンダー・アイデンティティを持つ人）という四つの言葉の頭文字を並べた略称で、近年日本でも広く使われるようになりました。本書ではLGBTという用語を、広く「同性を好きになったり、性別に違和感をもったりする人」という意味で使っていますが、性の多様性をあらわす言葉は、ほかにもいろいろあります。もし関心をお持ちの場合には、近年では性の多様性に関する書籍が他にもたくさん出版されているので、そちらも探してみてください。

この本が、単にＬＧＢＴについての理解を深めるだけでなく、さまざまなちがいを持つ人にとって、少し気が楽になれるような一冊になれれば幸いです。

第一章　友達にはわかってほしい

僕の後ろを歩かないでくれ。僕は導かないかもしれない。僕の前を歩かないでくれ。僕はついていかないかもしれない。ただ僕と一緒に歩いて、友達でいてほしい。

（カミュの言葉とされているが出所不明）

身近な人ほど言えないこと

「心臓に毛が生えているんですか」

講演活動をしていると、そう思われることがあります。

この本を始めるにあたり、私が何をしている人なのか、簡単に自己紹介しておきましょう。私は現在三四歳のトランスジェンダーで、仕事のかたわら多様な性のあり方について講演活動をしたり、本を書いたり、LGBTの子どもや若者が安心して集まれる「にじーず」という居場所を作ったりしています。

だだっぴろい公民館で、何百という人を前にして、マイクを持ちながら自分がトランスジェンダーであることを話すこともあります。新聞にインタビューが載ることもあります。すると、先にあげたような「心臓に毛」説が浮上してきます。

でも、個人的には、よく知らない初対面の人たちに話をすることは、よく知っている友達や家族に話をすることに比べたら一〇〇〇倍は気持ちが楽です。

「知らない人から差別的な反応をもらって落ち込むこともあるんじゃないですか?」と尋ねられることもあるのですが、自分が好きでもなんでもない人からひどいことを言われたとしても、別にそんなにダメージはありません。ダメージを食らうのは、いつだって自分が大切に思っている誰かからのリアクションです。

LGBTであることを誰かに打ち明ける行為をカミングアウトと言いますが、カミングアウトはしばしば「知らない人」の方が気楽にできると語られます。

よく知らない、その気になればすぐに関係を終わらせることができる人なら、ひどいことを言われても「ああ、この人とはご縁がなかったんだ」と諦めがつきます。しかし、仲の良かった人に打ち明けて「あなたはおかしい!」と拒絶されたら、やっぱり悲しいでしょう。関係性がこじれた後でも、ずっと顔をあわせ続けなくてはいけないので、お互いに気まずくなります。

まったく知らない数百人に語りかけるより、たったひとりのよく知った人間に秘密を打ち明けることのほうが、よほど勇気がいる場合は多いものです。これはＬＧＢＴの話題に限らず、さまざまな秘密に共通する話です。

いつも冗談を言い合っている友達、部活の仲間、そんなに仲良くはないけれど一緒に行動している同級生。ひょっとしたら恋人、それに家族。身近だからこそ言えない秘密や悩みは、よくあります。

もし私たちがなにかの秘密を抱えていたとして、その秘密はいったい誰にどこまで話したらいいのでしょう。本当は話してみたい。でもこわいな。そんな揺れる気持ちの中で、ときどきウソをついたり、あいまいな返事を重ねたりしながら過ごしていく関係性は「よくないもの」なのでしょうか。

第一章では、人間関係の中でも「友達」について考えてみたいと思います。

小さなウソでも気づけば大きなウソに

ここで架空の人物として、高校生のハルキに登場してもらいましょう。

ハルキは高校三年の男子生徒で吹奏楽部の副部長をやっています。

これまでだれにも打ち明けていませんが、ハルキが好きになるのはスポーツが得意な男の子です。

「好きなタイプは誰？」と休み時間や放課後に話題がでるたび、ハルキは適当に女性アイドルの名前をあげて誤魔化してきたのですが、どうやら部内にハルキのことが気になる女子がいるらしく、最近では「付き合っちゃえ」と冷やかされることが増えました。

特に、これまで一番仲の良かったリョータは気をまわして、その子と二人きりのシチュエーションを作ろうとしてきます。やめてほしいと遠まわしに伝えても、リョータは笑うばかりで、ハルキはだんだん憂鬱になってきました。まわりの友人は、だれひとりとしてハルキが男性を好きになるなんて知らないし、想像すらしていないのです。

ハルキはリョータを少しずつ避けるようになりました。すると、自分は本当はひとり

ぼっちで、まわりの友達はだれも「本当の自分」なんて知らないのだと、さびしく思うことが増えてきました。部活に顔を出すのも、だんだん億劫《おっくう》になってきました。

本当の友情ってなんでしょうか。リョータや部活の仲間たちにはこのまま何も言わないでおくのがいいのでしょうか。卒業まで残された時間は、あと半年です。

もしみなさんがハルキの立場だったらどうしますか。リョータや部活の仲間にカミングアウトすることを選びますか。あるいは、黙ったまま卒業式を迎えますか。

ここで登場してもらったハルキは架空の人物ですが、私はこれまで似たような話をたくさんのLGBTの仲間から聞いてきました。

同性を好きになる人が身近にいることを想像したことがない人たちは、恋愛は異性とするものだとまるっきり信じこんでいます。そのため、同性を好きであることを言わずにいると、まわりの人たちは「あいつも異性が好きなんだろう」と勝手に推測し、それを前提にした話題を楽しそうにふってきます。

こんなとき同性が好きな人たちの多くは、とっさに誤魔化したり、小さなウソをついたりすることになります。「どんな異性がタイプなの？」と尋ねられ、とっさに口からでまかせのアイドルの名前をだしてしまえば、話のつじつまを合わせるために、そのアイドルの出ているドラマをチェックするはめになるかもしれません。小さなウソが、別の小さなウソを呼んできて、気がつけば大きなウソに育っていきます。

トランスジェンダーの人でも、心の中では自分のことを別の性別だと思っているのに、周囲が思っている性別にあわせて女子高生のふりをしたり、おとなしい男子のふりをしたりして、毎日をやりすごしている人たちがいます。

ウソが五回、一〇回、二〇回と積み重なっていくと、だんだんウソをつく罪悪感やプレッシャーが膨れ上がってきます。自分はいったい何をしているんだろうと思ったり、仲良くしてくれているまわりの人に、なにひとつ本当のことを言えない自分はどうなんだと悩んだりして、自分のことを嫌いになってしまう人もいます。

このピンチ、みなさんだったらどうやって乗り越えますか？

同性が好きな人への誤解

本当は悩んだりなんてせず、次のようにあっさり言えたらいいでしょう。

「リョータ、おれは男の子が好きなんだ。女の子を好きにはならないから、そこんとこよろしく」。

以上。シンプルでわかりやすいですね。

でも、ハルキがそう言えないのには理由があります。

二〇一三年に民間団体が行った調査では、子ども時代を首都圏で過ごした三五歳以下のLGBT当事者のうち、高校卒業までに自分のことをだれかに打ち明ける経験をした人は約六割、だれにも言えなかった人は約四割でした。打ち明けた経験がある人でも、その相手は数人程度であることが多く、カミングアウトの大変さがよくわかります。

打ち明けられなかった理由として、もっとも多くあげられていたのは「理解されるか不安だった」、「話すといじめや差別を受けそうだった」という意見でした。

最近では、多様な性のあり方について肯定的に捉える人たちも増えてきていますが、こころない発言をする人はいます。同性を好きになることについて気持ち悪がったり、冗談のネタにしか扱わなかったりする人たちもいます。

同性を好きになる人に対して、よくある誤解には次のものがあります。

①同性愛者オオカミ説

相手が同性を好きになると知ったとたん、自意識過剰に「私のこと好きにならないでね」「オレのこと狙わないでね」と述べる人が現れます。別にあなたが好きだとは一言もいっておらず、むしろ「一ミリもタイプじゃねーし」と思われている可能性も大いにあるわけです。人にはそれぞれ好みがあり、同性を好きになる人にも選ぶ権利があることはスルーされがちです。

②なにかの因縁説

同性を好きになるのは「思春期の一過性だろう」、「異性にトラウマがあるんだろう」、「家庭環境のせいではないか」など、いろいろ理由を探そうとする人もいます。その昔、同性愛が病気だと思われていた時代には、このような仮説を立てて研究する人たちが山のようにいましたが、わかったことは「どの仮説も正しくなかった」、つまり「これという理由は見つからなかった」ということでした。

歴史上、同性愛を「治療」できると考えてカウンセリングや投薬療法などを試みた人たちもたくさんいましたが、本人の意思や他者からの働きかけによって性的指向（恋愛や性的関心の対象となる性別）を変えることはできないこともわかりました。今では、性的指向のちがいは右利きか左利きか、血液型がA型なのかO型なのかといったちがいと同じような単なる個人差だと考えられています。

③自然の摂理に反している説

わかっている範囲で何千という動物において同性間のペアや性行動が確認されています。日本の水族館にもペンギンの同性カップルがときどきいます。動物に人間と同じような愛があるのか、というのは哲学的な問いですが、カマキリの雌は雄をむしゃむしゃ食べますし、カメは相手をビンタして求愛するそうですので「自然の摂理」は人間が想像するよりもだいぶぶっ飛んでいることは確かです。

④他のだれかとの混同

同性が好きと打ち明けると、トランスジェンダーだと間違われて「性別を変えるの？」と聞かれることがあります。だれを好きになるのかと、自分がどのような性別で生きていきたいかはまったく別の事柄です。またテレビで活躍するだれかのイメージから「オネエ言葉を話してみて」とか「ゲイの人ってみんなおしゃれなんでしょ」と言われたりすることがあります。テレビに出るゲイが個性的なのは、個性的な人がテレビ受けするからであって、一般のゲイに同じキャラを求めるのは過酷です。

ゲイがみんなおしゃれでオネエ言葉で面白いことを話す、というイメージは「北海道に住んでいる人はみんな牛を飼っている」ぐらいに無謀な話なのですが、相手のことをよく知らず、断片的な情報しか持っていないと、このような思い込みが生まれます。

ほかにもいろいろあるでしょうが、ここでは省きます。

ハルキの悩みは、もし自分がカミングアウトしたとき、リョータや吹奏楽部の仲間たちがきちんと自分を理解してくれるかどうかです。からかわれたり、言いふらされたり、意地悪なことを言われなかったとしても、みんなに知識がなかったとしたら、ハルキはたくさん説明をしなくてはいけません。

「ゼロから学ぶLGBT入門編」みたいなレクチャーをやる気力はハルキにはありません。

「あいつら、なんて言うんだろう」。

想像してみると、ハルキは、そう簡単にはカミングアウトできないと感じるのです。

多数派は自分の特権に気づきにくい

アメリカ在住のあるコメディアンは、異性愛の人たちが当たり前のように持っていて、異性愛者ではない人には得ることが難しいものとして次のようなリストをあげました。

〈異性愛者の特権リスト〉

・だれかと交際していることが公に認められ、応援してもらえること
・だいたいどのような場所でも交際していることを表現でき、それによって敵視されたり暴力をふるわれたりしないこと
・パートナーとオープンに暮らせること
・パートナーと死別したり関係性が終わったりしてしまったときにまわりの人につらい気持ちを打ち明け、なぐさめてもらえること
・近所の人や同僚、友達から広く受け入れられること
・映画やテレビ番組で自分と同じような恋愛が描かれていること

このリストは四〇個以上も続くのですが、その中には「カミングアウトなんてしなくてすむこと」が含まれています。

異性愛者はわざわざ自分が「異性が好きだ」なんて言わなくたって、まわりが勝手に察してくれます。しかし、異性愛でない人たちは自分の言葉を駆使しないと、自分が日々感じていることが「なかったこと」にされてしまいます。

ハルキは現在高校生ですが、この先だれかと付き合い、一緒に暮らす日がくるかもしれません。同性のパートナーがいることをだれにも言えなければ、ふたりの関係を祝福してくれる人はいません。職場でみんなが夏休みの計画について楽しそうに話しているときにも、ハルキはパートナーと旅行に行く話を同じようにはできないでしょう。もしパートナーが病気になって入院や手術をすることになっても、だれにも打ち明けられなければ、心配ごとを話せる人はいません。

それではあまりに悲しいので、ハルキはこれから人生のさまざまなタイミングで、だれかには自分がゲイであることを伝えて生きていくことになるのでしょう。その相手は三人かもしれないし、一〇人かもしれないし、一〇〇人かもしれません。

だれにカミングアウトするのか、しないのかを選ぶのは個人の自由です。

でも、どちらを選んでもそれぞれにリスクがあります。

多数派に属していれば、こんなきわどい選択をしなくたって様々な自由を謳歌《おうか》できるのに、マイノリティである場合には、勝手に「秘密」をもたされて、それをどう料理するのか決めなくてはいけません。

多数派の人は、マイノリティの人たちがそのような選択を強いられていることなんて想像もしないで、のんびりと自分たちの「当たり前」をエンジョイしています。

リョータも、吹奏楽部の友人も、別に悪意があってＬＧＢＴを差別してやろうと思っているわけではありません。ただ、身近に同性を好きになる友人がいるかもしれないということを、そもそも考えたことがないし、ハルキが苦しんでいるなんて夢にも思っていないのです。

このような鈍感さ、無邪気さによって、ハルキはさらに追い詰められます。

多数派の人たちは、そもそも自分が多数派であることにさえ気がついていません。

打ち明けない場合の対処法

この本を手にとっているみなさんの中には、ハルキのような悩みを抱えている人もいれば、またちがうタイプの秘密を持っている人もいるでしょう。

若い世代のみなさんに対し、大人たちはよく「悩みごとがあったら信頼できる大人に話してごらん」とか「まわりの人に相談してみよう」と話します。

まわりに信頼できる人がいるなら、相談してみるのはよい選択肢のひとつです。でも、必ずしも、それができる環境にいる人ばかりではないでしょう。「いつかは話してみたいけれど、今はそのタイミングではない」なんて場合もあります。

そこでまずは、打ち明けない場合に、私たちはどうやって自分を助けることができるのかについて考えてみましょう。

はじめに断っておきますが、ここから書いていくことは、秘密を打ち明けることに比べたら、むしろ大変なことかもしれません。人は、本質的にはわかり合いたい生き物なのです。わかってほしい、他者とつながっていたい、ひとりぼっちにはなりたくないと願い、孤独になることを恐れます。自分の大切な気持ちにウソをついて、へっちゃらでいられる人はいません。

それでも、自分ではどうしようもないことのせいで、人は孤独になってしまう瞬間があるものです。

ここでの対処法のポイントは、たとえ目の前の友達には本心を見せられなかったとしても、この世界のどこかに「友達」を見つけておくこと。そして、その友達には、自分の気持ちをちゃんと見せられるようにしておくことです。詳しくみていきましょう。

打ち明けない場合の対処法① 本や映画の中に友達を見つける

本や映画、演劇でも音楽でもかまいません。星の数ほどある作品の中から、友達を見つけられないか探してみましょう。きれいな詩でもいいですし、反社会的なメッセージを含むもの、エロ・グロ・ナンセンス、波長があうと思うならなんでも試してみましょう。

高校時代の私は、ドラッグをやりながら書いたとしか思えない中島らもの小説を好んで読んでいましたが、おかげさまで世の中には予想以上にヤバい大人がいるものだと安心できました。ミッキーマウスによく似たサボテンでトリップできるか試したら、翌朝「目ヤニ」が大量に発生してまぶたが開かなくなった、というエッセイを思い出して、いまでもときどき笑ってしまいます。以降、サボテンを見かけるたびに、ミッキーマウスの形をしていないかチェックが欠かせません。

二〇一七年に「短歌の芥川賞」といわれる現代歌人協会賞を受賞した歌人の鳥居さん

は「生きづらいなら短歌を読もう」と語っています。小学生時代に母親を自死で亡くし、その後も児童養護施設などで壮絶な虐待を受けたという彼女は、学校に通えず新聞で文字を覚えたというかなりハードな生い立ちです。ふと訪れた図書館で歌集を手に取ったことをきっかけに、彼女の人生は変わりました。自分で創作してみるのもおすすめです。

打ち明けない場合の対処法② インターネットで友達を見つける

適当なニックネームを使って、普段なかなか言えない思いをSNSに書いたり、同じような人がいないか探してみましょう。直接会ったことはないけれど、この人とは波長が合いそうだなとか、あの人とはやりとりしていて楽しいな、などと思える人が見つかるかもしれません。

顔の見えない相手とやりとりするのにはリスクもありますが、孤独を抱え続けることだってリスクです。秘密を打ち明けるのだってリスクだし、黙っているのもリスクだし、生きていること自体もリスクです。

インターネットで友達を作る場合のリスクとうまく付き合う方法としては「学校名や

法律上の氏名、顔写真、裸の写真などは投稿しないこと」と「会いたいと思っても、まずは電話だけで様子を見てみること」などの工夫ができるとよいでしょう。高校生だと名乗っていた相手が実際には三〇歳年上だった、なんてこともあります。出会い系でお父さんとマッチングしてしまった人もいます。

もうひとつ大切なのは「この人だけは自分のことを奇跡的にわかってくれる」と思える相手がオンライン上でひとり見つかったら、同じような友達を、もう二人ぐらい見つけることです。ゲイどうし、レズビアンどうし、なんでも分かり合える友達ができたと思い、その人と毎日連絡をとっていたのに「自分の外見が好みではなかった」とわかった瞬間に返事がぷっつり途絶えてしまったという話も、残念ながらインターネットではよくあるものです。ひとりだけに依存しないのも、インターネットで友達を作る際のポイントです。

打ち明けない場合の対処法③　非人間の友達を作る

かつて作家の太宰治は「ぽかんと花を眺めながら、人間も、本当によいところがある、と思った。花の美しさを見つけたのは、人間だし、花を愛するのも人間だもの」と書きました。借金&薬物&自殺願望の三重苦だった太宰でさえ、うっかり見とれてしまうぐらい、自然の造形には私たちを魅《ひ》きつける力があります。

花でも鳥でも、猫でも、雲でも、気分転換に外に出て出会えるものたちは、素敵です。たまには外に出て、人類なんて地球上に存在している種全体からみたら数百万分の一パーセントにすぎない存在なのだから大したことはないのだと思いおこしましょう。

「地球の美しさと神秘を感じとれる人は、科学者であろうとなかろうと、人生に飽きて疲れたり、孤独にさいなまれることはないでしょう」と書いたのは、海洋生物学者のレイチェル・カーソンです。一九六〇年代に殺虫剤による公害を告発し、ベストセラー『沈黙の春』でアメリカを震撼《しんかん》させた彼女は、雨がふればレインコートを着て森へ行き、四歳の甥《おい》っ子と一緒になって目をきらきらさせている人でもありました。雨に濡れると植物はきれいな色になり、指先より小さい赤ちゃんマツは、リス向けのクリスマスツリーのように見えるそうです。このような友達は一生ものですね。

打ち明けない場合の対処法④　自分と友達になる

自分のことをだめでどうしようもないやつだと思ってしまうなら、料理でも楽器でも、数学でもネイルアートでもいいので、自分が好きなこと、得意なことに磨きをかけましょう。私はさきほどチャーハンを作ったのですが、チャーハンが美味《おい》しくできると自分は天才なのではないかと自己肯定感が高まります。自分はだめなやつだけど今日のギターの演奏は最高だったな、とか、自分はネイルだけは上手につけられるな、でもなんでもいいのです。ひとりの人間には様々な顔があります。だめだと思う自分ではない側面を見つけて、自分と友好的な関係を築きましょう。

＊　＊　＊

私たちは孤独を嫌います。でも、孤独を知らない人間なんて、面白くもなんともないですし、矛盾していない人間ほどつまらないものもありません。

「他のだれにも言えない秘密をもっていたことがあった」ことが、いつかあなたの人間的な魅力につながる日がやってくるでしょう。それまでは、ここまであげたような「友達」と仲良くしてあげてください。

他の価値観で生きる他者に出会う

私の友人に、高校時代に自分がゲイかもしれないと気がついた時に、とても苦しんだ人がいます。だれにも悩みを言えず、自分と同じような人がいったいどこにいるのかも見当がつきません。

小さな頃から「オカマ」という言葉はいつもだれかをバカにするために使われていました。ほかでもない自分がそうやって笑われる存在なんだと認めることは、あまりにショックで、この先どうやって生きていけばいいのか、生まれてこなければよかった、とさえ思ったと話していました。

その友人を救ったのはYouTubeでした。悩んでいたある日、YouTubeで「coming out（カミングアウト）」と検索してみたところ、たくさんの当事者が自分のことを話している動画がヒットしました。その頃、日本語でＬＧＢＴについて話しているYouTuberはほとんどいませんでしたが、英語が得意だった彼は、英語で「gay（ゲイ)」「coming out(カミングアウト)」と打ち込み、こうして世界中に自分と同じような人がいることに気がついたのです。
それから友人は毎日、取り憑《つ》かれたように YouTube の動画を何千本と見ました。ボーイフレンドを紹介する動画。家族と楽しそうにしている動画。

「場所が変わったらこんなに楽しそうで、笑われていないんだ」と思って、友人はだんだんと自分を肯定的に思えるようになりました。世界中の人とつながれる YouTube での出会いは、彼を自由にするためにはとても大切なものでした。

この本を書いている二〇二一年の時点では、日本語でLGBTについて語る YouTuber も増えてきました。その後、彼自身も自分の YouTube チャンネルを開設し、自身もチャンネルの中でカミングアウトを行いました。

私たちは、自分ひとりではなかなか自由になれない生き物のようです。

現在、欧米圏を中心にファッションショーや広告、SNSなどでは様々な体型のモデルが登場することが増えてきています。これまでやせ体型のモデルが重用《ちょうよう》されてきたことによって、多くの女性が自分の体にコンプレックスを抱き「やせなきゃいけない」と思いこまされてきました。その弊害が指摘され「美しさにもいろいろある」というメッセージを打ち出すようにファッション業界の常識が変わりつつあるのです。ぽっちゃりした体型の女性が「プラスサイズモデル」としてモデルに起用され、彼女たちが体型に合ったかわいいファッションで、自信満々で楽しそうにしている様子を見て、はじめて「やせなくていいんだ」「このままでいいんだ」と思う女性たちが増えました。

知らず知らずのうちに刷り込まれてしまう「こうしなくてはいけない」、「自分は変わらなくてはいけない」という呪いは、他の価値観でのびのびと生きている他人に出会ってはじめて、解除できるようになります。むしろ、他の人に出会うまで、自分が「こうしなくてはいけない」と思い込まされていたことにさえ気がつかないことも少なくありません。

文部科学省の調査によれば、日本の高校生は自己肯定感が低く、「自分はダメな人間だと考えることがある」と答える人が諸外国よりもずいぶん多いようです。物質的にはこれだけ豊かでありながら、そう考えてしまう若者が多いのは、本人のせいではなくて「自由になるためのつながり」が少ないからではないかと私は考えています。

ほとんどの子どもたちが、学校と家の往復ばかりの毎日を送っています。日本の学校は「まわりに迷惑をかけてはいけません」、「みんなと仲良くしましょう」など、多数派が決めたルールに従うことばかりが求められます。そんな環境に浸かっていると、セクシュアル・マイノリティのように「~マイノリティ」という名前がつかない子どもたちだって、だれだってだんだん元気を無くしてしまいます。

自分のことを好きになったり、自由になったりするためには、家族や親友といった強いつながりだけでなく、弱いつながりをたくさん持って「世の中には本当にいろいろな人がいるんだな」、「思った以上にみんな自由に生きられているんだな」と実感できる機会が必要です。

この章に登場するハルキは、親友のリョータにゲイであることを打ち明けられないことで孤独を感じ、本当の友情とはなんなのか悩んでいました。親友に対してもウソばかりついてしまい、自分はリョータの親友にふさわしくないのではないか、と元気をなくしています。そんなハルキに必要なのは、強いつながりをさらに強くすることだけでなく、もっと弱いつながりをたくさん持つことかもしれません。

昨今では、家や学校以外の「第三の場所」として、地域の中に子どもや若者が自由に集まれるスペースを作っているNPOや有志が増えています。みんなでご飯を作って食べたり、ゲームをしたり、若者にダンスの練習ができる場所を貸してくれる施設も増えてきています。私も、LGBTの子どもや若者が集まる「にじーず」という居場所を運営しているひとりですが、このような「第三の場所」がLGBTに限らずすべての若者にとって、もっと身近になればいいのにといつも思っています。日頃の役割から解放されてホッとできる場所をひとつ、ふたつ知っておくと、自分との付き合い方が上手になります。

他人からの「勇気を出せ」は無責任

先日、ある新聞記者のコラムを読みました。その記者は、性暴力についての取材を重ねてきた方で、ご自身も性暴力被害にあったことのあるサバイバー（生存者）のひとりです。性暴力被害にあった人たちが花を手に集まり、自身の経験について語りながら性暴力のない社会をめざす「フラワーデモ」に参加したとき、あるサバイバーの方が「自分が声をあげなかったからこのような社会を作ってしまった」と自分を責めていたのを聞いて悲しくなったことが書いてありました。

「泣き寝入りをやめましょう」。

「勇気を出して相談してみましょう」。

新聞やテレビ、駅のポスターや電車の広告でときどき目にするメッセージです。

でも、そんな言葉を第三者から言われても、どうにもつらくて体が動かないサバイバーがたくさんいます。

性暴力の被害にあった人たちの多くは、もとから周囲の無理解に苦しんでいます。

道端で強盗におそわれたとき「あなたの身なりが弱そうだから犯罪にまきこまれたんだ」と被害者を責める人はいませんが、性暴力の被害者は「あなたが露出の多い服を着ていたんじゃないの」「ひとりで危ないところを歩いていたからじゃないの」とこちらに落ち度があったかのようにまわりから言われがちです。

あなたのせいじゃない、と一〇〇回言われても、自分にもいけないところがあったんじゃないかと思い、苦しむサバイバーがいます。被害にあったことを誰にも打ち明けられない人もたくさんいます。そんなサバイバーに他人が勝手に「勇気をだして」とか「声をあげて社会を変えよう」と押し付けるのはやめようよ、性暴力を無くすのは社会みんなの仕事でしょ、ということを、このコラムは伝えたかったのだと思います。

同じく、性暴力被害のサバイバーである髙橋りりすは、著書の中で次のように書いています。


性暴力のシンポジウムで「支援者」たちはあなたに呼びかける。

サバイバーよ、勇気を出せ、と。

「勇気を出して、カムアウトして下さい。」

「勇気を出して、裁判を起こして下さい。」

しかし、私はあなたに言う。

サバイバーよ、勇気を出すな。

なぜなら、あなたは充分に勇気のある人だから。

これ以上の勇気を出す必要がどこにあるだろうか。

あなたはとんでもない災難にあった。
とんでもない災難を生き残った。
あなたは、生きてこうしてここにいる。
これ以上の勇気があるだろうか。

サバイバーよ、勇気を出すな。
あなたが生きていることが、あなたの勇気の証なのだ。
あなたがいるということが、あなたの勇気の印なのだ。
あなたには勇気がある。
あなたは充分に、勇気を持っている。
あなたは、勇気で溢《あふ》れている。
あなたは、勇気でいっぱいだ。
あなたはひとりの人間が持ち得る限りの勇気を持っている。
誰がこれ以上の勇気をあなたに求めることができるだろうか。

だから、私はあなたに呼びかける。
サバイバーよ、勇気を出すな。

（高橋りりす『サバイバー・フェミニズム』インパクト出版会）

他人が語る勇気ほどいいかげんなものはありません。秘密を打ち明けることが勇気なら、毎日を生き延びることだって、難しい状況に追い込まれてしまった自分を好きになろうとすることだって勇気です。

ジャーナリストの江川紹子による『勇気ってなんだろう』（岩波ジュニア新書）では、世界最高峰のエベレストに登るためにたくさんの人からお金をあつめた登山家が、登頂を試みては失敗し、また今回もギリギリのところで登頂を断念する決断をしたときの勇気が描かれています。

エベレストの遭難事故の九割は下山で発生しています。夢にまで見た世界最高峰をなんとか登りたいと思い、ちょっとでも無理をすると、たとえ山頂にたどり着けたとしても帰り道で命を落としてしまいます。山頂まであとたった数百メートルの地点だったとしても、登山家には「撤退する勇気」が必要なのです。

山を下りてきたら「あいつはやっぱりだめなやつだった」と新聞や雑誌では手ひどく書かれることでしょう。これまでだって、ひどい評価を受けてきました。それでも彼は、山を下りることを決めました。

死んだら英雄扱いする人の意見なんて、聞くのはやめましょう。

カミングアウトという選択肢

異性愛の人は、わざわざ異性が好きだとカミングアウトしなくても「好きなタイプ」の話をしたり「夫が／妻が風邪をひいてしまって」なんて会話ができます。同じように同性を好きになる人たちが、なんの気兼ねもなく好きなタイプやパートナーの話がのびのびとできる社会だったら、そもそもカミングアウトなんて言葉はいらなくなるでしょう。

いつか、同性を好きになることが、関西人と付き合っていることと同じくらいの軽さで受け止められる社会になってほしいところです。関西人と付き合っていることに対して、おかしいとか「種の保存に反している」とか、「思春期の気の迷い」だと考える人はいません。せいぜいタコ焼きパーティーを家でやるのかどうか尋ねられるぐらいでしょう。

現状では、同性を好きになる人に対して、日常的にからかったり笑いのネタにしたりするコミュニケーションがまだまだ多くみられます。友達を信用したいのに、不安になるだけの材料もそろっています。だからこそハルキのように悩む人たちがたくさんいます。このような環境で、カミングアウトすることを選んだとしても、しないことを選んだとしても、不利な状況におかれているマイノリティの人が、自分の選択について責められる筋合いはありません。

「好きな人はいるの?」と聞かれて、好きでもない芸能人の名前をあげるしかなかったとしても、どうかそのことで自分を責めないでほしいなと思います。そうせざるをえない場面は実際にあります。

いっぽう、カミングアウトすることで自分にとって安全な場を作ったり、まわりの力をうまく使えるようになる場合もあります。

同性が好きであることを何人かに話しておけば、失恋をしたり、そのことで悩んで気分が落ち込んだときにも励ましてもらえます。トランスジェンダーであることを話しておけば、みんなで温泉旅行にいく話でもりあがっているときにも、ひとりで入浴できるように仲間が気をまわしてくれるかもしれません。

私はトランスジェンダーですが、高校時代に友人にカミングアウトしたことで、ずいぶんまわりに助けられました。まわりに本当のことを言えるのは一人で抱え込むよりずっと楽でしたし、制服のスカートに悩んでいたとき、ズボンで過ごせないか一緒に考えてくれる同級生にも出会えました。

相手やタイミングを選べば、カミングアウトは日々を生きやすくするための良い方法になります。自分がこれまで秘密にしていたことを打ち明けるとしたら、どんな相手を選んだらいいのか。あるいは、友達に秘密を打ち明ける意味は、実際のところどのようなものなのか、ここからは「カミングアウトする場合」のことを考えてみましょう。

前もって準備をしてみよう

アメリカで一〇代のＬＧＢＴ向けの電話相談をやっているトレバー・プロジェクトという団体では、カミングアウトを考えている若者向けの簡単なガイドを発行しています。その中に「下調べをしてみよう」という項目がありました。

・打ち明けようと思っている相手がＬＧＢＴの有名人についてどう思っているのか聞いてみる
・同性同士が結婚することについてどう思うか聞いてみる
・相手が話していることをよく聞く…ＬＧＢＴをばかにする発言をしたり、ステレオタイプをあてはめたりしていないか？　感情がゆさぶられたときにどんなリアクションをする人で、それにあわせて気をつけておいたほうがいいことはあるか？

ＬＧＢＴに限らず、これは参考になりそうですね。

体型について悩んでいる人が、そのことを相談しようと思ったとき、わざわざクラスで「デブいじり」「チビいじり」をしている人に話そうとはしないでしょう。

三度の飯よりうわさ話が大好きな友達がいたら、話した内容が言いふらされてしまう可能性を考えた方がよいでしょう。

自分の意志で自分のことを話す行為をカミングアウトと呼ぶのに対し、本人の同意がないのに第三者が勝手に暴露してしまう行為は「アウティング」と呼ばれます。友達の口からみんなに広まってしまうのは避けたいと考えているなら「話すときには自分の言葉で伝えたいから、他の友達には言わないでほしい」と伝えておくとより安全です。

アウティングしてしまった人の失敗談を聞いていると、悪気があって「よし、こいつの秘密をみんなに暴露してしまおう」と広めてしまうタイプは少なくて、本当に気軽に、あるいは、むしろ「よかれ」と思って広めてしまっている人も多いようです。

私がこれまで聞いてきたアウティングの事例を分類すると、次のようなパターンがあります。

①普段から口が軽い場合

ある中学校では、だれかがだれかに告白すると、次の日には学年中に広まっているのが当たり前です。ラブレターは回覧され、みんなで楽しみます。失恋したときには、相手が送りつけてきた腹立たしいＬＩＮＥのスクリーンショットがネットに晒《さら》されます。このような環境の場合には、ある生徒が同性に告白した場合にも同じことがおきます。

異性愛であったとしても、交際ステータスは個人情報です。日頃からゴシップ好きを悔い改めましょう。

②自称「私は理解あるから大丈夫」

よかれと思って、まわりの理解を促進するために広めるタイプです。たしかに自身の中に差別意識はあまりないのでしょうが、社会には異なる感じ方をする人が多いことには気がついていません。大丈夫かどうかは本人が決めます。力になりたいのであれば、まずは聞き役に徹しましょう。

③衝撃が大きかった場合

身近に悩んでいる友達がいたことに気がつかず、あるいは自分がカミングアウトされたことに対する衝撃が大きすぎて、ひとりでは抱えきれない場合です。守秘義務のある電話相談やＬＩＮＥ相談を使うなどして、アウティングにならない工夫をしながら相談しましょう。（相談先は二〇六頁に載っています。）

カミングアウトしたいと考えている人の中には「別に言い広められても構わない」と思っている人もいるかもしれません。

以前出会った高校生は、制服をスカートからズボンに変更するにあたって、次のような作戦を立てていました。

・部活の親友には最初に話して、なにかあったときに味方になってもらう
・クラスのみんなには自分の口から伝える
・別のクラスの人には、友達から広めてもらう

・他の学年の人たちのことは放っておく。そもそも説明する義理もないから。

たとえ反対する人が出てきたとしても、味方になってくれる人が数人いれば、だいぶ気持ちが楽になります。これも上手なやり方のひとつだと思いました。

「どう反応をしたら良いですか？」

「とりあえず知っていてほしいから」、「ウソをつきたくないから」、「悩みを相談したいから」。ある人が自分の秘密を打ち明けるのには様々な理由があると思います。

私はトランスジェンダーですが、これまで友達や周囲の人にカミングアウトしたときの理由は「話さないと困ったことが起きるから」でした。

トランスジェンダーであることをはじめてカミングアウトしたのは高校二年生のとき、当時の同級生たちが相手でした。毎日セーラー服を着て、女子として学校に行くことが死ぬほどイヤだったので、そんな日々からどうにかして脱出したかったことが背景にはありました。

友人たちは話を聞いてくれ、一緒にたくさん考えてくれました。印象的だったリアクションには次のものがありました。

①イギリスはいいぜ

最初にカミングアウトした相手は、当時組んでいたコピーバンドのメンバーでした。修学旅行の夜、私の話を聞いた彼女は「日本で生きるのがキュークツなら海外にいくという選択肢もあるぜ。というか、あたしは将来留学したいんだ」と話し始め、聞いてもいないのにイギリスの素晴らしさを語りはじめました。

はじめてのカミングアウトに心臓がバクバクしていた私は、とりあえず否定されなかったことにほっとして「うんうん」とありがたく聞いていましたが、大人になった今思えば、どうしてあいつの留学計画を聞かされたんだろうと疑問です。

大人になってから、彼女とはロンドンで再会しました。彼女がイギリスに行く夢を叶《かな》えられてよかったです。

②とりあえず大丈夫

別の友人は「家族ならわかってくれるから大丈夫」「あの先生ならわかってくれる」とアドバイスしてくれましたが、この友人が「わかってくれる」と自信たっぷりに言うと、なぜかその相手からは理解されないというジンクスがつきまといました。家族へのカミングアウトほど時間がかかるものはないですね。

③はにかむイケメン

スカートに苦しむ私が気の毒だといって、卒業式のときに他校の男子から学ランを借りようと計画していた友人たちもいました。この作戦は、当事者である私にも秘密のまま進行していき、結局のところ卒業式の前日になって失敗しました。学ランの調達に失敗したのです。ここで友人たちは号泣し、トランスジェンダーが生きにくい社会の厳しさをあらためて呪ったそうですが、このステキすぎる話は、社会人になったあとに当事者である私に知らされました。しかもそれは、みんなで飲みながらエッチなトランプで大富豪をしているときに初めて聞かされました。日に焼けたはにかむ全裸のイケメンが、こちらを見つめていました。

カミングアウトを受けた友人たちは、みんな自分なりに頑張ってボールを返そうとしてくれて、ちょっとズレていたものもあったけれど、その反応には「その人らしさ」が表れていました。今ふりかえれば、それがうれしかったなと思います。

「だれかからカミングアウトされたら、どのような反応をしたらよいですか?」

さまざまな本に、このような問いと、模範的な回答が載っています。私自身も、学校などで多様な性に関するお話をしていると、このような質問を受けます。

「話してくれてありがとう、と言う」。
「何か困っていることはあるの、と聞いてみる」。
「わからないことがあるから、一緒に考えてもいいかな、と伝えてみる」。

スマートな返し方としては、このようなものがあるでしょう。教科書的な回答です。

でも、勝手に自分の留学プランの話をはじめたり、かなり微妙なタイミングで「いい話」をはじめたりするのも「友達ってこういうものだよな」とも思うのです。

友達は、会社の上司でも、学校の先生でも、カウンセラーでもありません。対等で、ちょっとおかしいところがあるから、友達はかけがえのない存在なのです。

アウティングはやめましょう。相手の話を否定するのはやめましょう。できれば一緒に勉強しましょう。気をつけるのはそれぐらいでよいのかもしれません。

友達の場合「自分なりに考えること」が、いちばん大事ではないかと思います。

「理解される」のむこう側へ

本章の最後に、個人的なことになりますが、私の経験をもう少しお話ししてみましょう。

私の場合にはカミングアウトしてから、友人から相談されることが増えました。「まわりの人には言えないことでもこいつならわかってくれるだろう」と考えて、トランスジェンダーの私にだけ秘密を教えてくれる友人たちが出てきたのです。

これはカミングアウトをはじめたときには想定していなかったことでした。

当初はカミングアウトすることによって「重たいやつだと思われたらどうしよう」と

か「自分は面倒をかけているんじゃないかな」と心配していました。変人が多い学校だったので、変わっていること自体は「かわいい」「面白い」みたいな褒め言葉だったのですが「変わっていて重たい」だと、なかなか厳しいのではないかと当初は思っていたのです。

ところが、意外に人それぞれに事情があることがわかりました。

大学に進学した後、たまたま通学中の電車で、高校時代の同級生と一緒になったことがありました。「高校時代にトランスジェンダーの友人がいた」と私のことを話したところ、新しく大学で一緒になった友達から「実はね」と、ある秘密を打ち明けられたのだと彼女は教えてくれました。

「やっぱり遠藤のパワーはすごいなぁ」。

ひさしぶりに会った彼女は、うれしそうに話してくれました。

そんな彼女を見て、私もうれしくなりました。彼女自身、私がカミングアウトをした後に「実はね」と、他の友人には話したことのない秘密を教えてくれた人でもありました。

このとき、私はようやく、自分が「理解される側」からずっと降りたかったのだ、ということに気がつきました。

わかってもらう側の存在。弱い存在。支えてもらわなくてはいけない存在。「話してくれてありがとう」と定型文で言われる存在。そのように自分のことを捉えているかぎり、カミングアウトという行為を好きになることは難しそうでした。

でも、実際には私がトランスジェンダーであると伝えることは、打ち明けた人が自分のことを語りはじめたり、その人から「ねえ聞いて」と言われることだったりと、もっと複雑でした。カミングアウトは、理解する側と理解される側という、ありきたりの図式も壊してしまうようなことなんだと、そのとき腑《ふ》に落ちたのです。

ある相談をしているときに「実はね」と自分の人生相談をはじめるカウンセラーはいません。それができるのは友達だけです。「理解される」の向こう側を見せてくれる友達もいます。

こうやっていい話を書いていると「カミングアウトはいいものだ」と勧めているみたいですが、実際には友達は気まぐれでマイペースなので、残念な反応が返ってくる場合もやっぱりあります。あえて「どちらがいい」と言わないモンモンとした終わり方で、この話を締めくくりましょう。

本章も終わりに近づいてきました。男の子が好きなハルキはまだ迷っているようです。吹奏楽部では夏休みに花火を見にいくことになりました。悩みはあるけれど、ハルキはそれが楽しみです。友達と一緒にいると、面倒なことも楽しいこともあります。

コラム　**カミングアウトをめぐる歴史**

カミングアウトとは、もともとはcoming out of closetの略語で、狭苦しいクローゼット（洋式の押入れ）の中に閉じ込められた人が、そこから出てくる様子をあらわしています。現在の日本ではバラエティ番組などで「トマト嫌いをカミングアウト」などカジュアルに使われることの多い言葉ですが、もともとはＬＧＢＴの人たちが自分の性のあり方について明かすことを称して使われてきました。

一九八〇年代から九〇年代にかけて、世界中でエイズが大流行し、たくさんの人が亡くなった時代がありました。エイズはＨＩＶというウイルスに感染して起きる病気で、特に男性同性間での性的接触によって感染する事例が多かったため、大勢の人たちがエイズ発症をきっかけにプライバシーを暴露されひどい差別にさらされることになりました。このとき、たくさんの人たちが「沈黙＝死」というスローガンを掲げて、カミングアウトしながら闘いました。製薬会社に対して薬を要求したり、自分たちとは関係ないと考える人たちの関心を集めるために激しいデモを行ったり、学校の授業をジャックしてＨＩＶ感染を防ぐためのコンドームの大切さについてアピールしたり、文字通り命がけの闘いが展開されました。二〇一七年に公開されたフランスの映画『ＢＰＭ〔ビート・パー・ミニット〕』（ロバン・カンピヨ監督）では当時のフランスの様子が鮮明に描かれています。

その後、治療薬がみつかり、今ではＨＩＶに感染しても長生きできる時代になりましたが、今日の欧米圏でのＬＧＢＴの権利向上には、この時代の闘いが大きく貢献したとされています。ＬＧＢＴの直面する話題が「知らないだれかの話」ではなく「友達の話」「町のピアノの先生」「同級生の娘の話」だと人々に知らせることで、権利の向上を目指そうとする考え方は現在も世界各地で見られ、同性婚やトランスジェンダーの差別解消などにつながっています。カミングアウトは個人的な選択であると同時に、時代や場所によって意味の変わる行為でもあります。

第二章　それって個性なの？

みんなちがって、みんないい、ってみんな言う
（映画『恋とボルバキア』より）

個性は結構難しい

「個性を大切にしましょう」。

おなじみ、私たちが幼い頃からずっと聞かされてきたフレーズです。

個性的であること、他の人たちとは違う意見を持つことは、表向きは「よいこと」とされています。個性を伸ばすことの大切さは、小学校の道徳の授業でも習います。

しかし、実際には「みんなと違う」のは大変なことです。

個性という言葉を辞書で調べてみましょう。

『広辞苑』によれば個性とは「①個人に具わり、他の人とはちがう、その個人にしかな

い性格・性質。②個物または個体に特有な特徴あるいは性格」なんだそうです。

個性とはその人のオリジナリティなんだ、ということが淡々と定義されていて、ここに「みんなちがって、みんないい」みたいな価値観は特に反映されていません。

このまじめな定義に対して、二〇一六年に小学館が実施した「あなたの言葉を辞書に載せよう。2016」キャンペーンにたくさんの人が投稿した個性の定義は、実にバラエティに飛んでいました。むしろ、こちらの方が人々の赤裸々な本音を反映したものだと言えるでしょう。

選ばれた優秀作品を見てみましょう。

「あなたがあなたである証拠」（はりりさん）
「私は私だ、という自信の源」（チハルさん）
「絵の具と同じで、いろいろなものが混ざり合って出来上がる、同じ色は作れない自分だけのもの」（ヒロリンさん）

このあたりは前向きです。勇気や生きる希望が湧いてきて、夏の青空のような澄み渡った気持ちになれます。これに対し、系統がちがうものもありました。

「相手や物をどのように褒めて良いかわからないときに使用する語」（川猫さん）

川猫さんは、例文として「個性的な味ですね」をあげていました。

たしかにグルメ番組をみていて「うーん、このカレーは個性的な味ですね」とコメンテーターが話していたら、ちょっと警戒しますね。美味しいとも言えないがマズいと言うわけにもいかない、という本心が見え隠れしています。おそらく九割の確率で、そのカレーは美味しくないのだと思われます。

さらには、こんな定義も。

「強すぎても弱すぎても生きづらいもの」（Sakura さん）

ほかに優秀作品からは漏れていましたが「あってもなくても悩むもの」、「探しても見つからないもの」、「自分を認めること」、「子どもの時は誰しもが持っているのに、大人になるにつれて失くしてしまう事が多いモノ。これを持ったまま大人になった人の事を世間ではロックンローラーと呼ぶ」などの投稿が寄せられていました。

個性的すぎるとまわりとうまくいかないことがあります。その一方で、自分の個性があまりない、自分は目立たないし、ツマラナイ人間だと思ってしまうのも苦労するようです。

「自分の個性がわからなくて就職活動のときに何をアピールしてよいのかわからない」なんて話を聞くこともあります。

ようするに、悩んでいる人がたくさんいる、ということなのでしょう。

第二章では、素晴らしくも悩ましい「個性」について考えていきましょう。

ルールが正しいとは限らない

第二章では架空の人物として、中学一年生のミキとサトシに登場してもらいます。

二人は体育祭を前にして、いろいろと疑問があるようです。

ミキは、体育祭のために昼休みに大なわとびの練習をさせられるのが本当にイヤで困っています。みんながヒョイヒョイと跳んでいるのに、自分の番になると必ず失敗します。どうして自分だけみんなと同じようにうまくできないのかわかりません。「ああ、またあいつ失敗するよ」って目で見られ、いざ跳ぼうとするとやっぱり失敗して冷たい目で見られます。昼休みの練習は強制参加です。どうして全員、参加しなくてはいけないのだろうとミキは考えています。

この話をサトシにしたら、サトシは「ぼくは上半身裸でやらされる組体操がイヤだ」と言いました。「男子なら裸を見せても気にしないんだろって、雑に扱われている感じがする」。

ミキとサトシは、担任の荻野《おぎの》先生のところへ行き、自分たちの意見を伝えてみることにしました。荻野先生は目をまるくして「きみたちのような意見の生徒は初めてだよ」と言いました。でも、「先生のほうでも他のやり方がないかを考えてみるね」と言って

くれました。

二人は作戦会議をして、まずは次の日から昼休みの大なわとびの練習を休むことに決めました。


もしみなさんが、ミキやサトシと同じクラスだとしたら、どう考えるでしょうか。

この二人の行動を見て「ワガママだ」とびっくりした人もいるかもしれませんね。

だいたいの生徒は、大なわとびなんて好きじゃありません。しぶしぶ昼休みを犠牲にして付き合っているのに、ミキとサトシだけが「いちぬけた」と自由を謳歌《おうか》しはじめたのを見て「あいつらだけズルい」と思う人たちは一定数いるでしょう。だったら私は本を読みたかった。だったらオレは音楽が聞きたかった。それぞれ昼休みにはやりたいことがあるのですから。

中には、二人の行動によって助けられる人もいるでしょう。

「ラッキー！　じゃあ自分も休んじゃおう」と練習に参加しなくなる人がぱらぱらと増えていくかもしれません。自由を愛する人たちにとっては素晴らしい解放です。クラスっていけば、秩序の崩壊でもあります。参加人数がどんどん減っていけば、練習自体が成立しなくなります。

たかが大なわとび、されど大なわとび。クラスの中にザワザワと波紋が広がっていきます。ここで自由気ままを許してしまったら、クラスに「自分勝手な人」が増えてしまい、別のときにもコントロールが利かなくなってしまう――。そう考える人も出てくるかもしれません。実際に、学校ではよくこのような論法が使われます。どんなに小さな、つまらないように見えるルールでも、みんなで守ることが大事だという考え方です。

たとえば「眉毛を手入れしてはいけない」という校則があったとします。ある生徒が自分の眉毛を整えても、数学の授業は妨害されませんし、校内のガラスも割れません。だれも合理的な理由を説明できませんが、先生はなんとか頑張って生徒にルールを守らせようとします。一人ひとりの眉毛が大切だからではなく、ルールを守らせること自体に意味があると考えられているからです。

ルールを守ることが「社会の一員としての責任」だと私たちは幼い頃から学びます。本当は、おかしなルールを変えること、問題提起をすることだって「社会の一員としての責任」かもしれないのですが、そのやり方について私たちが教わる機会はあまりありません。

みんなそれぞれ考え方や感じ方がちがうのに「ルールだから」と言われて従うばかりでは、多様な人を多様なまま尊重しなくてはいけないはずの場面でも「ルールだから」と考えることをやめてしまい、だれかにガマンを強いることにならないでしょうか。

多様性を大切にし、個性を尊重しあう場所をつくるためには、ときには新しいルールを作ったり、これまでのルールを変えたりする知恵が必要なのです。

脱がないのはワガママ？

大なわとびの練習は、クラスで波紋を呼びましたが「男子だけ上半身裸」の組体操についてはどうでしょう。

「そんなこと言うなよサトシ。おれたち一年C組の男子みんなで裸の付き合いをしようじゃないか。それが青春の汗と涙のさわやかな一ページになるんだよ」。

クラスの一部の男子たちは、こういう雰囲気です。そんなノリの同級生たちを見ていると、サトシはうまく理由は言えないけれど「ウエッ」と思ってしまいます。

残りの男子は「おまえの好きにしたらよくない？」と言ってくれます。こういう「どっちでもいい」と考える人のほうがどちらかというと多数派です。

もしサトシの上半身に大きなやけどの痕があったら、先生は上着の着用を認めてくれるかもしれません。また、サトシがトランスジェンダーの生徒で、自分のことを女性だと認識している場合にも、ひょっとしたら、ひとりだけ扱いを変えてもらえるかもしれません。

文部科学省が二〇一六年に発行した「性同一性障害や性的指向・性自認に係る、児童生徒に対するきめ細かな対応等の実施について（教職員向け）」という先生向けのリーフレットでは、性別に違和感のある生徒に対してさまざまな個別配慮ができることが書かれています。

このリーフレットの中には、たとえば服装は「自認する性別の制服・衣服や、体操着の着用を認める」、水泳は「上半身が隠れる水着の着用を認める（戸籍上男性）、補習として別日に実施、又はレポート提出で代替する」などの個別配慮ができると書かれています。

学校生活の中で困りごとを抱えているトランスジェンダーの生徒にとっては、この資料はかなり役に立ちます。先生に相談するときに「自分もこのような対応をしてほしいです」とリーフレットを見せながら話したら、先生も真面目に聞いてくれるでしょう。

もっともトランスジェンダーの場合でも、自分の訴えだけではダメで「診断書やお医者さんの手紙を持ってきなさい」と言われることがあります。

「本人の言うことはワガママと見分けがつかないが権威のあるお医者さんの話なら聞く」という学校があるからです。私の知り合いのお医者さんは「トランスジェンダーは病気ではないし、医者の意見なんて本当はいらないはずなんだけど、子どもたちが安心して学校に行けるように手紙を書く」と話していました。

「自分はこう思っているんだ」では信用してもらえなくて、外から証明できるもの、すなわち大きなやけどの痕や医療機関の診断書を要求しがちなのが、学校という場所なのかもしれません。

サトシの体には、大きなやけどの痕はありません。サトシはトランスジェンダーでもありません。サトシは、ただ裸になりたくないだけの生徒です。それでも、サトシにはサトシの感じ方があります。

こんなときに「そっか。人それぞれだもんね」とサトシの考え方を尊重してくれる学校だったなら、おそらく他のさまざまな局面でも生徒の多様性に配慮できるでしょう。

みんなが同じじゃなくてもいい学校。新しいやり方を一緒に考えてくれる学校。そんな学校は、あまりにのんきすぎるかもしれません。

でも「きみはどうして脱げないの？　それはワガママじゃないの？」と理由をあれこれ聞いて結局はサトシの服を脱がそうとする学校よりも、ずっと楽しいのではないでしょうか。

広まりつつある「選べる制服」

「めっちゃうれしい。学校へ行くのが待ち遠しかった」。

入学式を迎えたある中学生の声が新聞に掲載されていました。

沖縄県にある糸満中学校では、二〇二〇年春からスカートかズボンか好きな制服を生徒が選べる「制服選択制」が導入されたそうです。

きっかけは一年前「スカートをはくなら中学校には行かない」と当時小学六年生だった生徒が両親や学校の担任に相談したこと。その子が小・中学校の先生、両親とで話し合いを重ねた結果、春から入学する中学校では、生徒はズボンでもスカートでも好きな方を選んでよいことが決まりました。

入学式の当日、その子は念願だったズボン姿で登校し、うれしそうに写真におさまっていました。がんばって意見を伝えたことで毎日自分らしい服装で中学校に通えることが決まったのです。他にも女子生徒でズボンを選んだ子が何人かいます。トランスジェンダーでなくてもスカートが苦手な女子はいます。自転車で通学する日はズボンがいいんだとか、冬はやっぱりズボンが暖かいとか、いろいろな理由でスカートよりズボンがいいと考える生徒がいます。男子でスカートを選ぶのは、女子のズボンよりもハードルが高そうですが、制度があればいずれ使いはじめる生徒も出てくるでしょう。

近年、ズボンかスカートか、あるいはネクタイかリボンかを生徒が好きなように選べる学校が少しずつ増えています。

以前のルールでは「男子と女子で服装を分けるのは当たり前。それになじめないのがおかしい」とされていましたが、新しいルールでは「まぁ人それぞれに好みがあってよいじゃないか。みんな一人ひとり考え方はちがうんだし」という考え方が前提になっています。

別にお医者さんの書いた手紙を出さなくても、特別な理由をあげなくてもOKです。せっかくなら着たい服を着ましょう。気持ちよくみんなが勉強できるようにしましょう。これが、制服選択制の考え方です。

右にあげた学校では先生と生徒の話し合いでルールが変わりましたが、高校生が署名を集めて区長に働きかけた例もありました。

江戸川区に住むトランスジェンダーの高校生は中学時代、スカートの制服を強制されて、毎日とてもつらい気持ちで登校していました。自分のことを男の子だと思っているのに、それがまったく尊重されず苦しくてたまりません。

学校指定のジャージも男女で色分けされています。男友達に借りたジャージで体育に出ると、先生からは大きな声で「なんでそんなジャージを着ているんだ」と叱られてしまいました。勇気を出して相談しても先生は「ガマンして制服を着なさい」としか言いません。

高校生になった彼は、同じような思いをしている後輩が江戸川区内にいることを知って、インターネットで署名活動をはじめました。オンライン署名サイトのChange.org（チェンジ・ドット・オーグ）で集めた一万名の署名簿を持って、区長のもとを訪れると、区長はしっかりと高校生の意見に耳を傾けてくれました。

「大人はだれもわかってくれないから、二〇歳になる前に死んじゃおうと思ったこともある」そう声をふるわせながら話すと、区長はその場で「制服選択制をすみやかに導入できるよう検討をはじめます。制服で子どもたちが自殺を考えたりするなんて、あってはいけない」とはっきり明言して、すぐさま具体的な議論を開始させました。

せっかく学校で「個性を大切にしよう」と言っているのに、校則によって「らしさ」を押し付けているのでは矛盾しています。個性を尊重するためには、一人ひとりの心がけだけでなく、新しいルールを作るための知恵や勇気もまた大切であることがわかります。

有意義な議論ができるチャンス

ミキとサトシが大なわとびの練習のボイコットをはじめてから一週間が経《た》ちました。

職員室では、荻野先生がうなっています。

「体育祭について真正面から意見を言ってきた生徒ははじめてだぞ」。

これまでにも体育祭の練習をサボる生徒、やる気のなさそうな生徒はいましたが、まっすぐ意見を伝えてきたのはミキとサトシがはじめてでした。

「なかなか、やるじゃないか」

荻野先生のメガネの奥が光ります。どうやら荻野先生は、この個性的な二人の生徒のことを悪くは思っていないようですね。

荻野先生は中学時代、イギリスからの帰国子女であるという理由で、日本の学校になじむのに苦労しました。英語の授業では「やたらと発音がいい」ことから目立ってしまい、肩身が狭くなった荻野先生は、わざわざ日本人っぽいカタカナの発音で英文を朗読するようになり、鬱屈した青春時代を過ごしたのです。

その後、日本の「みんな同じでなくてはいけない」学校文化に疑問を持って、若き日の荻野先生は学校の教員を志したのですが、当初の熱い想いとはうらはらに、気がつけば何もせずに日々は過ぎていきました。

この中学校に、意味のわからないルールが多すぎることは荻野先生も気になっていました。たとえば「においつき消しゴム」の禁止。

消しゴムににおいがついていようが、ついていまいがどうだってよさそうなのに、見つけ次第すみやかに指導するよう職員会議で言われています。理由は「生徒の気が散るから」だそうですが、消しゴムひとつに大騒ぎしすぎだろうと荻野先生は思っています。

ほかにも「水筒の持ち込み禁止」というルールもあります。

水筒は「中にジュースや炭酸水をいれて飲んでいてもわからない」からNGとのこと。別に授業中に何を飲んでいても、授業に集中しているのであればその人の勝手ではないか、とひそかに荻野先生は思っているのですが、このような本音を披露すると職員室での居心地が悪くなるので、おとなしくしています。

大なわとびを休み時間に全員で練習するのも、男子だけ裸で組体操をさせるのもやめたらいいじゃないか、というのが荻野先生の本音です。組体操は骨折などのケガをする人が多く、そもそも時代おくれではないかと荻野先生は考えています。

これまでは自分ひとりで主張したところで、やっぱり職員室での居心地が悪くなりそうなので、おとなしくしていました。

でも、ミキとサトシが声をあげたとき荻野先生は実はちょっとだけうれしかったのです。

理不尽なルールを「決まりだから」といってしぶしぶ従うのではなくて、自分たちで試行錯誤しながら「別のやり方があるはずだ」と考えられる生徒のほうが、今後の日本社会ではきっと必要とされるとも考えました。

教室の中で、波風を立てる生徒があらわれたときに「面倒だな」と考える先生もいれば、それをきっかけに有意義な議論ができるかもしれないと考える先生もいます。

「クラスの生徒や、他の先生たちにどう働きかけたらいいかな」

荻野先生は新しいやり方を模索する方向で、考えはじめました。

スウェーデンでは給食をみんなで決める

私は普段、LGBTの子どもや若者が集まれる居場所づくりをしています。月に一回、いつも決まった部屋を開放して、参加者たちはいつ来てもいつ帰ってもOK。参加費無料で、同年代の人たちと話したり、ゲームをしたりと、思い思いにのんびり過ごすことができます。

ここには「男なんだから」とか「女なんだから」とか理不尽なことを押し付ける人はいません。上下関係もないので、中学生と大学生が仲良くなったりして自由です。

このような子どもや若者の居場所は日本ではまだまだ少ないのですが、海外では「ユースセンター」といって子どもや若者がのんびりできる居場所がたくさんある国もあります。

そんな国のひとつが北欧のスウェーデンです。スウェーデンでは日本とはちがって「余暇をもつこと」が大事だとされています。大人たちは仕事は夕方には終わらせ、その後には趣味の音楽を楽しんだり、絵を描いたりと自由に余暇を楽しみます。子どもたちは部活動に追われることなく、学校が終わったあとはスポーツがしたい子は地域のスポーツクラブで、ひとりで本を読みたい人は本を読んで過ごします。時間の使い方も個人によって自由度の高い社会だと言えます。

そんなスウェーデンの学校やユースセンターを数年前に視察で訪れたことがあります。スウェーデンの学校に行って、とても印象的だったのは「子どもたちの意見」があらゆる場面で反映されていたことでした。

日本の学校では「ルールを守る」ことを教わりますが、スウェーデンの学校では「新しくルールを作る」方法を教えています。

たとえば給食。スウェーデンの学校では「じゃがいもの茹《ゆ》で方が硬かった」とか「魚料理は週二回までがいい」など子どもたちが意見をわいわいと出して、給食のメニューを決める栄養士と話し合う「給食委員会」という取り組みがあります。

日本で給食委員というと、生徒たちがマスクをしてスープやごはんを取り分ける場面を想像しがちですが、スウェーデンの給食委員会は、自分たちの給食について自分たちで決めるユニークなものです。

生徒たちから「デザートをミートボールの横にぐちゃっと盛るのはマズそうだった」と意見が出ると「今度からデザートは別皿に盛り付けよう」と決まります。子どもたちからの要望がなんでも通れば毎日がパンケーキ（人気ナンバーワンメニューです）になってしまいますが、そこは大人の栄養士さんが「パンケーキばかりでは栄養バランスが偏るよ」などと意見を伝えます。

日本の学校だと「じゃがいもが硬い」なんて言っても「ごちゃごちゃ言わずに作ってくれた人に感謝して食べなさい」と言われるのがオチかと思いますが、国がちがえば、給食に意見を言うことは喜んで歓迎されます。これは、みんなで話し合ってものごとを改善するためのトレーニングなのです。

給食はまだまだ序の口。出迎えてくれた小学生たちは「授業の時間割も変えてもらった」と話していました。調理実習がある日の午後に校外学習が組まれていることが多く、それだと作った料理をゆっくり食べられなかったのだとか。他にも廊下の時計を指して「大きくて見えやすいものに交換してもらったんだ」と誇らしげに教えてくれました。

中学生、高校生になると、さらに活発な提案が行われるようになります。

環境に配慮するためリサイクルボックスを置くことを提案する生徒がいます。LGBTへの理解を広めるためにイベントを企画する生徒もいます。生徒主導であれこれ議論が進むので、先生がなんでも先回りして決めてしまうのはNGです。生徒から積極的に意見が出ることに、先生たちはとても満足しているようでした。

スウェーデンでは若者の投票率が八〇%を超えています。日本の若者の投票率が二〇一九年の国政選挙で三〇%前後だったのに比べると、かなり驚きの高さです。

なぜスウェーデンの若者が投票に行くのかというと、理由はシンプルで「幼い頃からなんでも自分たちで意見を出し合って決めるのが当たり前」だからだそうです。あの硬かったじゃがいもは、将来的には若者の投票行動に影響を与えていたんですね。

もし、日本の学校にスウェーデン式の給食委員会があったら、トマトが苦手な子どうしで作戦を練ることができます。栄養士さんには「トマトはリコピンが含まれていて健康にいいんだ」と反論されるかもしれませんが、それでも話し合えることに意味があります。五時間目になっても牛乳が飲みきれずに涙目になっている子も、きっといなくなることでしょう。日本の学校でも子どもたちが意見を出し合う機会がもっとあったらいいのにと思います。

「トイレに行ってもいいですか」

スウェーデンの学校にはそもそも制服がありません。みんなが好きな私服で登校します。髪型も、髪の色も自由。別にピアスをして登校しても問題ありません。

「学校は勉強しにくるところなのに、髪型や服装は、いったい何が関係あるの？」というのが子どもたちのリアクションです。

「学校は勉強しにくるところだから、ピアスをあけてはいけません。ツーブロックも、ヘアワックスも禁止です」という日本の学校とはまったく別世界のようです。

あわせて興味深かったのは、トイレも男女共用ですべて個室だったことです。これは学校だけでなく、駅でも図書館でもショッピングモールでも同様でした。個室がいくつも廊下に面して並んでいて、個室の中には手洗いも付いています。

性別でわかれていないのでトランスジェンダーの生徒も使いやすいですし、すべてが個室なので、日本の男子トイレにありがちな「個室をつかうとウンチだとからかわれ

スウェーデンの学校のトイレ

る」現象も回避できます。また、廊下からいきなり個室に入れるので、いわゆる「死角」が存在せず、先生に見えないところで生徒どうしで暴力をふるったり、いじめたりすることも起きにくい設計にもなっています。

教室ではパソコンでノートを取る生徒たちがいました。ノートの取り方は自由で、勉強しやすいようにすればいいという考え方のようです。授業中なのに、廊下で問題集を解いている子もいます。そのほうがやりやすいならOKのようです。

あらゆることが自由に見えたので「いいなぁ、うらやましいなぁ」とスウェーデンの高校の先生に話しかけてみました。

すると、その先生は「うちの学校にもまだ課題はあるんですよ。たとえば、ひとりで着替えたい生徒への対応が不十分なんです」と教えてくれました。

私はてっきり「ひとりで着替えたい生徒が、みんなと一緒に着替えなくてはいけないのかな」と最初は思ったのですが、そうではありませんでした。

「宗教的な理由で他の人たちに肌をみせられない生徒、体に傷のある生徒、トランスジェンダーの生徒、いろいろな子がいます。その子たちに自分が何者かを定義させて、私たちが許可する構造があまりよくないと思っています」。

先生は「許可制」こそが問題だと話していたのです。

この話には、なかなか考えさせられました。

日本社会では、ちがいを尊重してもらうためには「周囲に理解してもらうこと」が重要だとされています。どうして男女別トイレが使いにくいのか。どうしてスカートの制服がイヤなのか。どうしてまわりの生徒と同じように給食の牛乳が飲めないのか。ワガママとみなされないためには、本人ががんばって説明し「許可」を勝ち取らなくてはいけません。

まわりが理解を示し、ようやくその人が自分らしく学校生活を送れるようになるというのは「いい話」「優しい世界」のように聞こえますが、実はけっこう不自由でもあります。

たとえるならば、日本の学校はエレベーターのない駅に似ています。階段しかなければ、車いすを使う人は電車に乗るためにわざわざまわりの人に声をかけて、かついでもらわないといけません。まわりの理解や協力がないと「普通」に暮らせないなんて、毎日の移動の中ではとても不便です。かついでくれる仲間のいる社会はたしかに優しい社会ですが、ボタンひとつでホームに降りられるエレベーターが設置されれば、そのような「美談」に頼らずに済みます。

試着室のような、カーテンで仕切られ、だれでもいつでも気軽に使えるスペースが学校に数カ所でもあれば、それは「エレベーター」になります。だれもが制服を選べたり、そもそも私服でもOKとなれば、それも「エレベーター」です。

性別で分かれているトイレを使いにくいという理由で、日本の学校ではトランスジェンダーの子どもたちが、ときには数カ月間も「どのトイレを使うか」について先生たちと話し合いをしています。そもそもスウェーデン方式の個室が校内にあって、普段からだれでも使えるようになっていれば、これも「エレベーター」になるはずです。

まわりの理解や許可に依存しないやり方を考えることは、様々な違いをもった人たちが安心して過ごせる場をデザインするためには、とても役立つと思います。

なお、スウェーデンの視察を案内してくれたブロガーの両角達平《もろずみたつへい》さんは、日本人が「トイレに行ってもいいですか?」と許可をとる現象について、スウェーデンの友達にいつもからかわれるんだと話していました。彼らからすると「どうしてあなたの排尿行為について、私の許可を取ろうとするのだ。禁止したらどうなるんだ」と可笑しいんだそうです。

たしかにダメだと言われたら困ります。

学校の外につながりを探す

制服選択制を求めてインターネットで署名を集めた高校生は、中学時代にはまわりから理解してもらえませんでした。それが高校生になり区長との話し合いを求めると、区長はまっすぐに思いを受け止めてくれました。学校の中ではニッチもサッチもいかないことが、学校の外に話し合いの場を作ることでうまくいくことがあります。

同じようにインターネットで署名を集めている中学生の二人組がいます。二人の通っている栃木県のある中学校では、部活動は運動系のほかには合唱部と美術部しかありません。運動が好きでなく、歌も絵もじょうずではない生徒にとっては、入りたい部活がないのですが、学校の決まりで「部活動には必ず参加しなくてはいけない」ことが決まっています。

この中学のバドミントン部では後輩を先輩がラケットで叩《たた》くそうです。また、やりたくない部活に入っても、下手くそだといじめられます。これが苦痛で学校に行けなくなる生徒も出ています。あまりに納得がいかないので、二人は学校の外にもこのことを知らせることにしました。

学校の内部で味方が見つけられないときにも、学外の人たちに広く知らせることで、共感して「それはなんとかしたいね」と一緒に考えてくれる人が見つかる場合があります。

共感してくれる人たちと出会えると、次のような利点があります。

①自分の意見がまとめやすくなる

「だれにもわかってもらえない」と思っているときには怒りや悲しみ、無力感でいっぱいになりがちですが、だれかにわかってもらえる安心感が得られると、自分の意見を落ち着いて整理しやすくなります。否定しないで話を聞いてくれる人から「それって、こういうことだよね?」と質問をされたり、「自分も似たような経験をしたことがあるよ」と言われたりすると、モヤモヤしていた自分の考えがハッキリしていきます。どうして制服や部活動の強制などのルールがいやなのか、自分の中でうまく言い表すことばを見つけられるようになります。

②自信が持てるようになる

自分だけでなく、他にも同じような悩みを抱える人がいることがわかります。

部活動の強制をなくしたいと考えて署名活動をはじめた二人のもとには、他の学校で同じように苦しんだ人たちの声もたくさんよせられました。「やりたくもない部活動を強制されたせいで、小学生のときから頑張ってきたバレエ団の活動を諦めなくてはいけなかった」、「家庭の事情で朝の練習には出られないのに、大きな声で先生に叱られたことが大人になっても忘れられない」などの切実な声もありました。

声をあげるのはエネルギーがいることですが、自分の後ろにはたくさんの味方や、同じように悔しい経験をしてきた人がいるんだとわかれば、じわじわとパワーが湧いてきます。

③協力者がみつかりやすくなる

広く自分の考えが知れ渡るようになると「あの学校ではルールが変わったみたいだよ」などと情報を教えてくれる人と出会えます。その問題について専門家の立場から指摘している人がいるとわかったり、味方になってくれる人も出てきます。

制服選択制を求めた高校生の署名には、大学の教授が応援メッセージを寄せてくれました。その先生の実施した調査ではトランスジェンダーの約三割が不登校を経験したことがあり、約六割が自殺を考えたことがあること、そして制服は不登校や自殺を考える大きな要因となると結論づけられていました。このような調査があると、訴えにも説得力が増します。

学校の外の人たちに助けを求める方法として、インターネット署名を例にあげてきましたが、他にもいろいろな方法があります。

「子ども食堂」のように、地域の中で子どもの役に立ちたいと考えている大人のいる場所をおとずれて「話のわかりそうな人」を探すのもよいでしょう。ごはんを食べながら「こんなことがあって困っているんだよね。イヤなんだよね」と話してみて、相手の反応を見てみるのはどうでしょう。

「チャイルドライン」や各地の弁護士さんがやっている「子ども人権ホットライン」などの電話相談をつかってみるのも良い方法かもしれません。電話相談ときくとハードルが高そうですが、「モヤモヤしていることを話したい」「考えを整理したい」「一緒に作戦を考えてほしい」などと相手に伝えて、自分が思っていることを吐き出してみましょう。あらかじめ話したいことを紙に書いてみたり、メールのほうが相談しやすいならメール相談をやっているところをインターネットで調べてみるのもおすすめです。

電話相談はプライバシーがきちんと守られますし、もし「この人、本当にわかってくれてんのかな」とか「あんまり自分とは気が合わなさそうだな」と思ったら、その場で電話を切ってしまっても問題ありません。だれかに話しながら意見をまとめる方法として、よかったらご参考にどうぞ。

かがやく個性とハトのフン

個性を大切にするためには自分の内側よりも、周囲の環境をどうやって整えるかに目を向けるのが良いと私は考えています。ここまでは学校の決まりを例に「ルールをどう変えていくか」、「ちがいを尊重するためのルールをどう作るか」という話をしてきましたが、ここからはもう少しだけ、個人の内面に関する話をしていきましょう。

二〇一六年に小学館が実施した「あなたの言葉を辞書に載せよう。2016」キャンペーンでは、個性の定義として「強すぎても弱すぎても生きづらいもの」「あってもなくても悩むもの」「探しても見つからないもの」「自分を認めること」など、いろいろな投稿がよせられていました。

自分のある性質について、どうしても好きになれなかったり、みんなと同じようであれば楽だったのにと嘆いたりした経験は、だれしも少なからずあるのではないでしょうか。そのような葛藤が、小学館のキャンペーンに寄せられた様々な定義に反映されているように思えます。

思い返せば、私は自分が高校生の頃にトランスジェンダーだと気がついたとき、それまで自分が個性的だと言われてほめられていたこと（発想が面白いとか、同世代が知らない映画や音楽を聞いていたとか）と、自分がトランスジェンダーだということが、同じ個性という箱につっこまれることには、とても違和感がありました。

そのことで差別されたり、不便だったり、大変なことがいっぱいある事柄を、なにも知らないだれかに「めでたし、めでたし」とハッピーにまとめられるような気がしてムッとしたんですね。

当時、教室で私の隣席だった同級生のごっちゃんは、とても個性的な生徒でした。彼女はマンガ「キン肉マン」が好きで、「キン肉マン」の二次創作作品を描くために、いつも学校の最寄りのセブン・イレブンで「週刊プレイボーイ」を立ち読みしていました。

「週刊プレイボーイ」には「キン肉マン」が連載されていましたが、同時にこの雑誌は、水着のグラビアタレントが表紙をかざる青年誌で、エッチなコンテンツもたくさん載っていました。

ある日、生徒指導の先生に立ち読みを発見されたごっちゃんは「胸に手をあてて自分がしていることを考えなさい」と叱られてしまいました。

「制服を着ているということは明治時代にはじまった伝統ある女子校の看板を背負っているのと同じなんですからね」。

表紙には、くちびるがぷるぷるのグラビアタレントの写真が載っていて、ごっちゃんをまっすぐに見つめています。

胸に手をあてたごっちゃんは雑誌の定期購入を決め、それからは「伝統校の看板」を背負いながらグラビア雑誌を定期購読する不思議な生徒になりました。この一連のエピソードはみんなを爆笑させ、ごっちゃんの個性的なマンガも人気でした。

他にも、個性的な友人がいました。ロッカーが全部マンガで貸本屋みたいになっていた友人は、ボーイズラブ（ＢＬ）の良さを布教してまわっていたことから「教祖」と呼ばれ、尊敬されていました。

そのような個性なら全然、個性って素晴らしいと思えたのです。

でも、別に好きこのんで選びとったわけでもない、自分の人生をややこしくすること間違いなしのトランスジェンダーであることについて個性と呼ばれるのは、気が気ではありませんでした。多数派として生まれていたら、なにも努力せずに、普通にズボン制服で毎日生活できたことでしょう。「胸のある自分の身体が気持ち悪い」と悩むことなく、性別についてなにも意識せずに暮らせる毎日だったことでしょう。ああ、そうであったなら、どれだけ楽だったことか……！

やっかいな個性なんて、天から突然降ってきたハトのフンのようなものです。自分で選んだつもりのない、頭上から落ちてきた何か。

通常、ハトのフンのようなものを個性だとは呼びません。他人とちがっている自分の特徴のすべてが好都合であるわけがなく「みんなちがって、みんないい」なんてつぶやいていいことを言ったつもりになっている人は、人間がときに直面する絶望的な、砂をかむような気持ちを軽く見ているんじゃないかとさえ思います。

大人になった現在、私は自分がトランスジェンダーであることを「ハトのフン」とは思っていませんが（そのことで出会えた友人や、得られた経験に価値を見出しているからです）、それでも高校生のときには、だいぶ悩みました。

他人とちがっていることのすべてが、手放しで喜べるようなことだったら、どれくらいよかったでしょう。そして、他人とちがっていることのすべてが、手放しで喜べるようなことだったら、どれだけ人生はつまらないものになってしまうことでしょう。

「障害は障害」と語る障害者たち

佐藤仙務《ひさむ》さんという生まれつき重度障害を持つ人の書いたエッセイを新聞で読む機会がありました。

佐藤さんは小学生のとき、養護学校（現在の呼称は特別支援学校）という障害を持つ子どもたちの学校に通っていました。その養護学校では、近くにある健常者の子どもたちが通っている学校との「交流会」がときどき企画されていて、障害のある子どもと障害のない子どもがお話やレクリエーションを一緒に体験することになっていました。交流会は毎年企画されていましたが、障害のある子どもと障害のない子どもが交流会の後も一緒に遊んだり、友達になったりすることはありませんでした。

ある日、担任の先生が「明日はいよいよ交流会です。普通学校の子どもたちと楽しく遊びましょう」と話すと、佐藤さんの隣の席だった車いすの男の子の顔色が変わりました。

「普通って何ですか。僕たちは障害者だから普通じゃないってことですか」。

彼は涙ぐみながら、先生の話をさえぎります。

そんな同級生の姿を見て、佐藤さんは心のなかで「そんな揚げ足取りで、わざわざかみつくなんて本当に馬鹿らしい」と思ったそうですが、先生が口にした次のせりふで、佐藤さんの中でもなにかが変わり始めました。

先生は、その涙ぐんでいる男の子にこう言ったのです。

「ごめんね。でも大丈夫だよ。障害は個性なんだから」。

なんの励ましにもなっていない言葉でした。

「障害は個性」というセリフを好むのは健常者ばかりで、障害者はそう言われるたびに困り顔になっている、と佐藤さんは言います。佐藤さんが起業した会社では、障害者が働いていますが「障害は個性だと思うか？」と尋ねると、みんな「障害は障害です」と悲壮感なく言いました。

ただ、それはネガティブな言葉なのではなくて「障害は個性だという言葉で自分を美化しなくても、彼らは障害者以前に、自分自身の役割と価値を信じ、懸命に生きているから」と佐藤さんは言います。仮に障害が個性だったとしても、それは、まわりの人が障害者に言うべきことではなくて、自分の障害を受け入れた障害者が「私にとっては個性です」と言っているときに同調してあげるぐらいがちょうど良い、とエッセイには書かれていました。

このエッセイを読んで、私は個性という「聞こえのよい言葉」ですべてをまとめてしまうことは、結局のところ「ちがい」を軽んじてしまうことにつながるのだと感じました。だれかに美化してもらわなくても、私たちは実際に存在していて、それぞれにプライドや悩みや葛藤があります。

そういう複雑なものを「なかったもの」にするのは、一人ひとりの生き方に対してあまり誠実なやり方ではないし、ある意味では、複雑であることこそが、私たちを人間たらしめているのではないかとも思うのです。

障害者であることと、トランスジェンダーであることとは、また別のことではありますが、私もまた「過剰な美化」にはできるだけ抗《あらが》いたいと思っています。

大勢の人たちとは異なる性質をもち、そのことを特に隠さずに生きていると、勇敢な人だと思われることがあります。「当事者」としての講演を頼まれると、あたかも自分らしく生きている人だと認識されることがあります。トランスジェンダーとして生まれてよかったですか、とあらかじめ答えを期待された質問をされることもあります。

このようなときに「そのとおりです」というフリをすれば、きっと周囲からのウケはいいんでしょうが、むしろ淡々と「トランスジェンダーはトランスジェンダーです」と答えたほうが適切かもしれないな、と私は思っています。

自分らしく生きている勇敢な人って、いったい地球上のどこにいるのでしょうか。

好きなことをのばせばよい

高校時代には自分がトランスジェンダーであることが苦痛で仕方なかった私ですが、大学に入り、同じような仲間と出会ったり、LGBTに関する活動をはじめて居場所をみつけられるようになって、自分の性別に関するネガティブな捉え方は少しずつ変わっていきました。だれにも分かってもらえず、四六時中悲しい思いばかりをしていたら、きっと自分を好きになることは難しかったでしょう。

しかし、たまたまトランスジェンダーだったから文章を書く機会をたくさん得ることができて、同じトランスジェンダーの友達を各地に見つけることができて、考え方が変わりました。自分ひとりでうなっていても、たぶん状況はよくなりませんでした。自分を好きになるためには周囲の環境がいかに大事なのか、という話なのだと思います。

周囲に理解者がどれだけいるか、ということも重要ですが、それと同時に、自分が好きなことをやって褒められる経験をどれだけできるかも自尊感情には大きく影響します。「あれもできないし、これも苦手だ」と感じる場面が多いと、だんだんと自信を喪失します。それに対し、さほど努力らしい努力をしなくても楽しくやれて、まわりからも褒められる場面が増えると、自分に対するイメージも良くなります。

これまでの社会では、子どもも大人も、とにかく自分の欠点にフォーカスをして、それを直すことが重要だとされてきました。

英語が九〇点、国語が五〇点、算数が一二点の生徒に対して「英語をもっとやりましょう」と言う先生はあまりいません。だいたいは「算数ドリルを一日三〇分やりましょう」などと言われます。

でも、実はビジネスの現場では「別のやり方があるんじゃないか」と考えるリーダーも増えてきています。

今、世界中の企業では「強み」にフォーカスした働き方が導入されはじめています。もとはどこの企業でも「弱点の克服こそが大事」だと認識されて、そのように社員に指導する例が多かったのですが、その考え方はまちがっているとの調査結果が発表されたのです。

アメリカのギャラップ社の長年にわたる人間の能力に関する調査によれば、

・人はだれでもほとんどすべてのことにおいて、能力を発揮することができる
・だれにとっても最も成長の余地があるのは、その人の一番弱い分野である

という二つの価値観はまちがいで、実際には、

・人の得意、不得意の傾向は生涯を通じて変わらない
・最も成長するのはその人が最も強みをもつ領域である

ということが判明しました。

ピアノを弾くのが楽しくて一日二時間でも夢中で弾ける人は、自分が努力しているとは考えないでしょう。おしゃべりが好きで初対面の人と出会って五分で打ち解けられる人も、自分が努力しているとは考えません。私たちにとっては、努力とは長らく、苦手な算数ドリルをやるために三〇分間も机の前に座らなくてはいけないことでした。

しかし、実際のところ、人は短所にかまうよりも長所を伸ばすことにエネルギーを割いたほうがよっぽど成長できるし、活躍できるというわけです。

この画期的な調査について詳しく描いた『さあ、才能《じぶん》に目覚めよう』（日本経済新聞出版）はベストセラーのビジネス書で、一〇代の人にもわかりやすい言葉で書かれているので、関心のある人はぜひ一度手にとってみてください。

自分の得意なことが何かわからない、という人は、特段これという努力をしているわけではないけれど楽しいなと思えることはなんだろうかと考えてみるのはどうでしょう。

得意なことが見つからない、好きなことがゲームとYouTubeで、まわりから特にそれを褒められることもないという人もいるかもしれませんが、それだって活かし方次第かもしれません。私の知り合いがやっているNPOでは、ゲームがとても強いスタッフがいて活躍しています。そのNPOでは不登校の子どもたちの家庭を訪問するのですが、ゲームがめちゃめちゃに強いスタッフが家庭を訪問すると「なにしに来たんだよ」と心を閉ざしていた子も「こいつタダもんじゃないぞ」と衝撃を受け、思わずコミュニケーションが取れるようになるんだそうです。

「自分はあれもできないし、これもできない」と思っているときには、それはとりあえず放置しておくのもよいでしょう。むしろ、楽しいなと思ったり苦にならないけれど続いているものを大切にして、それをきっかけに他者とつながっていくことをおすすめします。「自分にはいいところがない」と思っていても、環境が変われば、また感じ方が変わってくるはずです。

第二章では「個性」について考えてきました。個性を大切にしましょうと口で言うことは簡単ですが、実際には私たちを取り巻くルールを新しくしないと、個性の尊重が難しい場面があります。また、自分の個性を発見し、それを「悪くないな」と思うためにも、実際にはまわりの環境をどう整えるかが重要です。

二〇一四年に国立青少年教育振興機構が行った調査では「自分はダメな人間だ」と思ったことがある日本の高校生は七割を超えていました。これは他の国と比べて、とても高い割合だったので「日本の若者は大丈夫なのか」と心配する人たちも多く現れました。

逆に言えば、日本社会の中でフツーに高校生活を送っていたら「自分はダメな人間だ」と思ってしまうのがフツーということなので「自分はダメな人間だ」と思っていても、特に恐れることはありません。だって、あなたのせいではないのですから。

自分の気の持ちようではなくて、環境を変えましょう。

コラム　「丸刈り王国」最後の地

かつて日本各地の中学校では「男子は丸刈り」というルールがありました。髪を伸ばすとバリカンで刈られ、学校行事にも髪を伸ばしたままでは出席できません。昭和から平成に入ると各地で「丸刈り校則」は激減しましたが、二〇〇〇年に入っても熊本県の市外では「丸刈り校則」が残っていました。泣く泣く丸刈りにされる子どもたちの現状をみて立ち上がったパソコン教室の先生が書いた『丸刈り校則をぶっとばせ——熊本丸刈り戦争』（花伝社）には、ムラ社会で声をあげることの苦労が実にリアルに描かれています。

「今どき丸刈り校則なんておかしい」などと常識的なことを思っていても、そのことを会議で発言できる人はおらず、教師のほとんどは「さわらぬ神にたたりなし」と丸刈り問題には関わりたくないと考えています。現状を変えたくない人たちは「校則については定期的にみんなで話し合って決めましょう」といってのらりくらりとかわします。「丸刈り校則は素晴しい。大賛成」というとバカにされるのは目に見えているのですが、ムラで生きていくためには波風を立てたくないのです。

ある中学校の討論会で「丸刈り校則」について子どもたちが話し合い「ぼくたちは自分たちの髪型を自由に選ぶ権利がある」という結論がでると、先生はあわてて、討論会の時間自体を次からなくしてしまいました。

そんな「日本最後の丸刈りの地」でも、県議会で質問があったりメディアの取材が入ったりする中で、丸刈り校則は無くなっていきました。熊本では、いじめ・差別・体罰・虐待などで苦しんでいる子どもたちを助けるために地域の大人たちが「子どもの人権オンブズパーソン」というグループを作り、議会での質問などを後押ししました。生徒の意見だけではこれまで無視されてきたため、第三者の視点が入ることはとても重要でした。

学校も一つのムラなので、荻野先生のようにミキやサトシの考えを尊重したり、「スカートが履きたくない」生徒のために制服選択制の導入を決めたりできる先生ばかりではないでしょう。そんなときには、地域の中で子どもの権利を守り、一緒に考えてくれる大人を探しましょう。

全国各地でたくさんの子どもたちが涙を飲んできた丸刈り校則だって、みんなの声でようやく無くなったのです。

第三章　恋愛、それはややこしい

こんなんでいいのか解らないけれど
どんなものでも君にかないやしない
（岡村靖幸「カルアミルク」）
JASRAC出 2103664-101

愛については語ってくれない

中学、高校と私はキリスト教系の学校に通っていました。毎朝、礼拝の時間にみんなで聖書を読みます。イエス・キリストは「愛に生きた人」で、クリスチャンの先生たちはそれぞれ隣人を愛することの大切さをとうとうと語っていました。

聖書の中で、イエスは誰からも愛されなかった人々の友となり、みんなの罪をゆるし、最後には自分が十字架の上にはりつけにされてしまいました。徹底的な自己犠牲。見返りのない愛。私たちは聖書を通じて、くる日もくる日も愛について語り合いました。でも、聖書にはイエスが恋をするシーンや、モテなくて苦しむ場面などは描かれていませんでした。

イエスの時代には、愛をあらわす言葉が三つあったといいます。

まず、見返りを求めない無償の愛である「アガペー」。次に、友愛をあらわす「フィリア」。そして、ロマンティックな愛としての「エロス」。

私が通っていたキリスト教系の学校ではアガペーこそが高尚な愛だとみなされているところがあって、フィリアは「中」、そしてエロスは「邪道」ぽく扱われていました。

実際には聖書の中にはエロスについて触れた箇所もありました。たとえば『旧約聖書』におさめられている「雅歌」を開いてみましょう。雅歌は、なかなかすごいです。「あなたの両乳ぶさは、かもしかの二子である二匹の子じかが、ゆりの花の中に草を食べているようだ」なんて内容が延々とのっています。

しかし、このような箇所を見つけてきゃっきゃと喜んでいるのは生徒たちばかりで、いつか先生が雅歌を読んでくれますように、という私たちの淡い期待がついにかなえられることはありませんでした。聖書の研究者によれば「雅歌は（エロすぎて）聖書の中でもっとも読まれることのない書」らしいです。

キリスト教系の学校に限らず、だいたいの学校はこのような感じでしょう。大人が恋愛やセックスについて言及する場面はとても限定的です。「そういう話はおおっぴらに語るものではない」とみなされています。とはいえ、私たちは天使によってみごもるわけではないし、セックスという「ベッドの中の話」を抜きにしても、恋愛やパートナーシップにまつわるあれこれは、多くの人にとっては相当に悩ましい人生イベントだと思うのです。

思えば、高校三年生。私が抱えていたエロスに関する最大の悩みごとは「好きな女の子と付き合って、その人を幸せにできる自信がない」ということでした。

トランスジェンダーの私は、女のからだで生まれて、女の戸籍をもっている自分と付き合う女の子は「普通の人生」を歩めなくなるだろうと思っていました。他の男子を選べば結婚もできるし、子どもだってもてるであろう女子に、わざわざトランスジェンダーの自分を選ばせるのは「害悪」なんじゃないかとさえ、思っていました。

そんなある日、将来について考える授業があって、私の心は雅歌にならえば、吹雪に見舞われたかもしれないかのようでした。みんな「どんな家族を持ちたいか」なんて話をしています。残酷です。

グループワークから離れて、ちょうどぶらぶら歩いていた学年担任の先生に話しかけることにしました。五〇歳手前で、ずっと独身で、スーパーマリオに似ている先生でした。

「先生はどうして結婚しないんですか？」

いま思えば、セクハラまがいの質問ですが、マリオ先生は少し考えたあと、こう答えてくれました。

「結婚だけが、愛じゃねえんだよ」。

それは、クリスチャンの学校で、ロマンティックな愛について珍しく先生が語ってくれた瞬間でした。そういう愛の話が聞きたかったんだよ、と思いました。

というわけで、ここからの第三章のテーマは恋愛です。

モテすぎて困る人

この章では高校生のメグに登場してもらいます。メグの悩みは「モテすぎること」（！）です。

メグは高校二年生。中学に入った頃から、男友達と少しでも仲良くなるとすぐに告白されるようになりました。小学生の頃には性別を意識せず、むしろ男友達のほうが多くて一緒に遊んでいたのに、その頃にはもう戻れません。

なかには会話もしたことがないのに「好きです」と言ってくる人もいます。そのたびにメグはうれしさよりも混乱でいっぱいになります。話したこともないのに好きですって、どういうこと？

メグには彼氏がいたこともあります。でも付き合ってしばらくすると、ほしかったのはこれじゃなかったと後悔するのでした。恋人でいるより友達でいたほうが楽しかったんじゃないかと思うことばかりでした。でも、あまりこのような感覚はわかってもらえ

ません。

メグに嫉妬している女子からはビミョーな距離をおかれています。「かわいいね」と女子に言われたら、秒速で「そんなことないよ」と返します。男子からは「魔性の女」と呼ばれていますが、あんまりうれしくありません。このようなコミュニケーションも、正直なところ面倒くさいと思っています。メグはむしろモテたくなかったし、モテてよかったことなんてあるんだろうか、と考えています。

そんなことを口に出したら火あぶりの刑にされてしまいそうなのもわかっています。


これを読んだ、みなさんの感想はいかがでしょう。

なんて贅沢《ぜいたく》な悩みなんだ、と思った人も少なくないかもしれません。

世間の常識的には「モテることはいいこと」だとされています。その証拠に、ファッション雑誌にはどうすればモテるのかが、これでもかというほど紹介されています。

・幼く見えやすい三つ編みは、ゆるい抜け感のあるスタイルに仕上げることで男子ウ

ケアップ♡
・ワンピースはゆったりシルエットが正解♡
・足元はカジュアルなスニーカーでモテ狙い♡
・高校生らしい、いつもどおりのカジュアルでラフな服装が、男子には好印象！
・女子が満場一致で「好き」と答えた服は白・黒・グレーのシンプルなパーカ
・女子ウケの定番といえばシャツ
・三つの「首」を出せばモテる！（首、手首、足首だそうです）

なかには「究極のモテ香水」が雑誌の付録でついてくる、なんてものもありました。間違っても「モテないための真夏の長靴コーデ♡」なんて特集はありません。同性や異性をよせつけないための香水が付録でつくこともないでしょう（ネコよけとか、蚊よけみたいで発想としては面白いですが）。

カラオケでどの曲を歌うとモテるのか、というランキングサイトがあります。

「絶対にモテないカラオケソングＴＯＰ30」というサイトがあったら、それはそれで楽しいと思いますし、個人的にはぜひそのような歌を歌う人たちとオフ会を開いて仲良くなりたいですが、やはり世の中は「モテることはいいこと」「みんなモテたいと思っている」という価値観を中心にまわっています。

恋愛がなによりも大事なのだ、という価値観を「恋愛至上主義」とよびます。「彼氏よりも友達がほしかった」というメグの感じ方は、恋愛至上主義な世の中に流されずに、自分にとって心地よい関係を模索したいという、しごく真っ当なものでもあるはずです。だれとどのような距離感で付き合うのが心地よいかは、人によってちがうので「モテすぎて困る人」とか「モテたくない人」がいても、別に不思議ではありません。

モテなさすぎて困る人

地球上には七七億もの人間がいます。世界は広大なので、メグのようにモテすぎて困る人もいれば、モテなさすぎて困っている人もいます。

評論家の杉田俊介さんは『非モテの品格――男にとって「弱さ」とは何か』(集英社新書)の中で、モテなさすぎて困っている人、すなわち非モテの人たちの悩みについて書いています。杉田さん自身も、非モテのひとりです。二〇代半ばの頃、必死に努力しても目指していた仕事につけず、コンビニや警備会社の仕事を転々としていたこともありました。

そのときの経験を杉田さんはこう振り返ります。

夢を諦めたこと。仕事もないこと。金がないこと。社会的な肩書がないこと。周りに友達がいないこと。もちろん、そのどれもが苦しかった。つらかった。しかし、当時の僕にとって、一番苦しかったのは、恋人がいないことであり、恋愛・性愛の問題だったのである。

なぜだろう?

何をしていても、淋《さび》しかった。胸にぽっかり穴があいたように虚しかった。誰からも愛されないことは、どうして、こんなにも苦しいのか。淋しさがつのると、動悸《どうき》がしてきて、本当にその場にへたりこんでしまった。真夜中の警備の仕事のとき、休憩中に駐車場の暗い片隅に蹲《うずくま》って、星空をみて、泣いたこともあった。

なんとも赤裸々な告白です。通常、男は泣くなとかしっかりしろと言われることが多いわけですが、杉田さんはむしろ勇気をもって自分の経験を告白していきます。

もう誰でもいい。そう思って、知り合いの女の子に声をかけまくったりした。「誰でもいい」という欲望がみえみえだった。全部うまくいかなかった。逆に数少ない友達を失ったりもした。一層自己嫌悪が化膿《かのう》していった。

杉田さんはモテない男について検証してみました。すると、非モテの異性愛男性の状態には三つのパターンがあることに気がつきました。

非モテ1：いろんな女からちやほやされたい（が、されない）、あわよくば、いろんな女とエッチしたい（が、できない）こと

非モテ2：自分の好きな一人の女から恋人として愛されないこと

このふたつは、それぞれに脱出ルートの存在する非モテです。非モテ1は、モテまくってやりまくれば脱出できます。非モテ2は、恋人ができれば脱出できます。どうすればモテまくりやりまくれるのか、どうすれば恋人ができるのかは難しい問いですが、脱出ルートが存在するだけ、非モテの中では「軽症」といえます。

重症なのは、非モテ3です。

非モテ3：「性愛的挫折（恋愛未経験／失恋を含む）」がトラウマ化し、あたかも人格の一部として、常日頃から、非モテ意識に苦しめられ続ける状態のこと

非モテ3には脱出ルートがありません。非モテ3は呪われた存在なのです。

誰からも性的対象として選ばれない自分は最低で最悪な存在にちがいない。自分は本当にダメなやつだ。いいよなぁ、誰かと愛しあって、恋人から優しくされて、セックスもできる連中は。そんなことをくる日もくる日も考えているうちに、いつしか孤独は溶

けない永久凍土のようになり、絶望はブラックホールのようにすべてを飲み込みます。おれは、なんて、だめなやつなんだ。

そして、非モテ3は苦しさから逃れようとして、自分の呪われた人生を「一発逆転してくれるもの」を探します。そう、それは、奇跡的な恋愛をすることです。最低で最悪な自分でも、万が一恋愛をすることができたら、このみじめな状況から脱することができるのです。

この発想が問題なのだ、と杉田さんは指摘しています。そもそも非モテ3は恋愛によって傷つき、ボロボロになっているのに、その傷つきから救われようとして、さらに恋愛に頼ろうとするなんて、ますますボロボロになるだけの負のループです。

もはや非モテ3にとっては、恋愛とは生身の特定他者と関係性を営むことではなくて、自分の人生を救うための一大プロジェクトです。こうして恋愛の特別視ばかりが進んでいき、恋愛はさらに遠くなり、非モテ3はますます自分のことが嫌いになります。

これも、ある種の恋愛至上主義による弊害ということなのでしょう。

かつての自分のように苦しむ非モテの人たちに、杉田さんは「恋愛も大事だけれど、仕事や趣味、友情も大事だということも認めてあげて」と語っています。

そうこうしているうちに、より自然体で恋人をみつけることができるかもしれないし、恋人がやっぱり見つからなかったとしても、自分を責めることは少なくなるでしょうから。

恋愛の「好き」がわからない

非モテに苦しむ人たちがいる一方で、メグは今日もモテて困っています。

「そんなにかわいいのに彼氏いないの？」

この日も、バイト先の常連さんに驚かれて、メグはどう反応していいのかわからなくなってしまいました。

メグは別に彼氏がほしいわけではないのに、まわりは恋愛を勧めてきます。

通常、甘いものが好きではない人に、無理やりケーキやチョコレートを食べさせたりしないでしょう。食べ物には好みがあることをみんな理解しています。それなのに、恋愛となると「人それぞれ」のペースはあまり尊重してもらえません。

メグは実のところ、「人を好きになること」がよくわからないのでした。

以前、付き合っていた吉田くんの家で、映画を見ていたときのことです。ニューヨークが舞台の映画で、雷雨の夜に、びしょ濡《ぬ》れになった男女がエレベーターでふたりきりになったとたんに激しくキスをはじめたシーンがありました。「さすがアメリカ、こんなんせえへんやろ」と、吉田くんが笑いながらポップコーンを口に放り投げたのをみて、メグは内心ほっとしました。恋愛をする人はみんなこういうことをしなくてはいけないのかと、メグは心配をしていたからです。これで吉田くんとは安心して、二人きりでエレベーターに乗ることができます。

この話を後日、アルバイト先の先輩にしたら、先輩は少し神妙な顔をしたあとで「私も、以前はそんなのありえないと思ってたんだけど、ある日変わったんだよね」と言いました。

先輩は、以前は男性と付き合っていたそうですが、自分が女性を好きになると気がついてから、好きな女性とはキスがしたいと思うようになったそうです。それも、エレベーターの中である日「雷に打たれたように」そう思ったんだとか。

「メグもひょっとしたら男の人に興味がないタイプだったりして」

先輩に冗談めかしてそう言われて、メグは困ってしまいました。

男の人に興味がないとしたら、私は女の人に興味があるってこと？　それとも、だれにも興味がないということ？

吉田くんとはその後すぐに別れてしまいましたが、先輩からの一言をきっかけに、メグはますます「好き」がわからなくなっていました。

恋愛の「好き」って、なんなんでしょう。

夕方、アルバイト先からの帰りに自転車をこいでいると、夕陽が川面《かわも》できらきらと美しく輝いていました。そういえば二カ月前まで、隣のクラスのたなかっちからは、よく「空の写真」が送られてきました。好きな人ができると「空の写真」を送りたくなるんだそうです。

たなかっちとは付き合っていなかったし「空の写真」を送られてもどうしていいかわからないので対応に困っていましたが、やがて、たなかっちのケータイが水没したことによってこれは止まりました。

「いつか私も、この夕陽の写真を特別な人に送りたいと思うのかな」。

メグは自転車をとめて、ケータイで一枚写真を撮ってみました。

アルバイトから帰宅すると、ママがシュークリームを買ってくれていました。

「ママはパパのどこが好きだったの？」

メグはシュークリームを食べながら、ママに尋ねました。

ママは家計簿をつけながら「ごはんを美味しそうに食べるところ」と言いました。

「ごはんを美味しそうに食べる人は、別にパパ以外にもたくさんいるじゃん」。

「そうだね」。

ママはレシートとにらめっこをしているので、それ以上の追究はできませんでした。

しばらくして、パパが帰ってきました。

「パパはママのどこが好きだったの？」

メグが聞くと、パパはニッと笑ってこう言いました。

「パパの親父ギャグに笑ってくれるところ」。

恋愛の当たり前、なんであるの？

メグは恋愛感情がわからないようです。高校生なので、これから先の人生で恋愛を経験するのかもしれません。あるいは、そもそもメグは恋愛感情を持たない人なのかもしれません。

私たちの社会には、恋愛に関するいろいろな当たり前があります。

・モテるのがいいことだ、という当たり前

雑誌には「モテたいならこうしろ！」という特集があふれています。

・だれもが恋愛をするものだ、という当たり前

恋愛に興味がない人は「もったいない」「さびしそう」などと思われがちです。

実際にはモテに興味がない人もいれば、恋愛感情を持たない人もいます。恋人がいなくても友達に恵まれて、それなりに楽しく生きている人はたくさんいます。

他者に対して恋愛感情や性的関心を持たない人をAセクシュアルと呼びます。Aセクシュアルでも、性愛ぬきで特定の誰かと親密な関係を築いている人もいます。

ほかには、次のような当たり前もあります。

・付き合ったらセックスするものだという当たり前

「付き合ったら~するものだ」シリーズには、ほかにも「毎日電話をするものだ」とか「男が女にデートでおごるものだ」などがあります。世の中にはセックスがあまり好きではない人もいるし、電話が死ぬほど好きな人もいるし、割り勘至上主義者もいます。相手をよく観察しましょう。

・恋愛は異性とするものだという当たり前

世の中のあらゆる雑誌、映画、広告、CMは異性愛の描写であふれていますが、同性と恋愛する人もいます。同性も異性も恋愛対象になりうるバイセクシュアルの人もいます。

・恋人はひとりだけ、という当たり前

恋人に別の好きな人があらわれたら絶対にいやだという人もいますが、別に構わないという人もいます。相手の了承を得ながら、同時に二人、三人の恋人と交際するポリアモリーの人もいます。

たくさん並べてみましたが、ここまで読んで「え！　そんなことあるの？」と目からウロコの落ちた人もいるのではないでしょうか。特にポリアモリーは、恋人への独占欲のある人にとっては、なかなかにインパクトのある付き合い方かもしれません。

ポリアモリーは「浮気」とはちがって、関係者みんなに了承を得ながら付き合い方をきめていく誠実な人間関係です。

たとえば「芸術は爆発だ！」の名言で知られる芸術家の岡本太郎はいろいろな女性にモテましたが、パートナーの敏子さんは「岡本太郎さんを好きになって、素敵な女性が近寄って来たら、当然だと思うし私も嬉《うれ》しい。一緒にいろいろなことをしたい」とニコニコしていました。関係者みんながニコニコしていれば、他の人が「不道徳だ」「ずるい」と否定することでもないでしょう。

ただ、本当は納得していないのに嫌われたくない一心で「いいよ」と言ってしまったり、最初は合意していても、あとからやっぱりしんどくなったりする人もいるので、ポリアモリーの実践は「合う人」と「合わない人」にわかれます。

モテたい人も、モテたくない人もいる。恋愛する人も、しない人もいる。セックスしたい人も、したくない人もいる。異性を好きになる人も、同性を好きになる人もいる。恋人を独占したい人も、独占したくない人も、たくさんの人と付き合いたい人もいる――。

あらためて恋愛をとりまく多様性について考えると、異なる人格をもった二人の人間が出会って、二人の「好き」がぴったり一致することは、もはや奇跡ではないかと思えてきます。

実際には、恋人どうしでも相手に求めることがちがうことのほうが多いでしょう。

岡本太郎は、恋愛とは本質的には片思いなんだと語っていました。なかなか鋭い指摘だと思います。

はかなくて素敵な片思い

古今東西、恋愛を描いた作品は多くありますが、片思いを描いた作品としてここではムーミンをとりあげたいと思います。ムーミンは、言わずと知れたフィンランド生まれのキャラクターですが、主人公であるムーミントロールと、永遠のイケメンキャラであるスナフキンにここでは注目しましょう。

主人公のムーミントロールは、スナフキンの親友という設定で、スナフキンのことが大好きで仕方ないのですが、スナフキンはいつでも自由と孤独を愛しているので、彼を独占することはかないません。

『たのしいムーミン一家』には、夏の終わりにふたりが別れるシーンが描かれます。ある朝ムーミンが目を覚ますと、スナフキンのベッドは空っぽで、彼は窓の下で待っていました。

「きみはなにか計画していくっていったけど、なにを考えてるの」。

ムーミンがたずねると、スナフキンは「うん、計画はもってるさ。だけど、それはひとりだけでやる、さびしいことなんだよ。わかるだろ」と答えます。

ムーミントロールは長いことスナフキンを見つめたあと「きみはここをでていくつもりなんだろ」と言うとスナフキンはうなずきます。ふたりはしばらく、ものをいわずに、川岸の橋にこしかけて、足を川の上でぶらんぶらんさせていました。

「それで、いつたつの」。

「いま、すぐさ」。

「それで、長いこと帰ってこないの」。

「いや、春のいちばんはじめの日には、ここへ帰ってきて、またきみのまどのしたで、口ぶえをふくよ。一年なんか、たちまちすぎるさ」。

「そうだね、じゃあ、ごきげんよう」。

ムーミントロールは、橋の上にひとり残り、スナフキンが見えなくなるまでじっと見送ります。しばらくすると、スナフキンのハーモニカが聞こえてきました。それは、スナフキンがいちばんご機嫌なときに吹く曲で、ムーミントロールはスナフキンがどれだけうきうきした気持ちでいるのかがわかってしまい、そのあと家に走りもどって、ぽろぽろと涙を流します。

ムーミントロールとスナフキンは男の子どうしで親友という設定ですが、友情の中にも憧れをともなう気持ちや、独占のかなわない寂しさがあり、別れの場面は特にムーミントロールの切なさがよく表されています。

本当はそばにいてほしいのに、旅に出ることをやめたらスナフキンはもうスナフキンではなくなってしまうので、止めることはできません。

実は、スナフキンはムーミンの原作者トーベ・ヤンソンの元彼がモデルになっています。ふたりは結婚を考える仲でしたが、やがて恋愛関係でないほうが幸せであることに気づき、別れたあとも親友として生涯ずっと交流を続けました。

いまは別れても春になったらまたふたりで笑えるようになる、というのは、とても寂しいことでありつつ、人間関係として貴重なことにも思えます。いつもどちらか一方が相手を泣かせているのでは問題ですが、ムーミントロールたちを見ていると、ときどき寂しいくらいの関係性もアリなのでしょう。

ちなみに、トーベはそのあと同性のパートナーとめぐりあい、晩年までふたりで暮らしています。こちらのパートナーもトゥーティッキというキャラクターとして作品に登場しています。

トーベ・ヤンソンは、LGBTの著名人のひとりとしても知られています。同性のパートナーがいることを公表し、さまざまな行事にパートナーとふたりで出席していたトーベ・ヤンソンの生き方は、いまよりもLGBTに対する偏見の強かった時代においては希少なものでした。

「異性を好きになる」と決めつける教科書

私たちの社会には、恋愛に関するいろいろな当たり前があります。

本当は人それぞれちがうのに、まことしやかに「みんなそうだ」と信じ込まされてしまうような決めつけ。違和感を持つ人が「自分はおかしいんじゃないだろうか」と不安になってしまうようなもの。

「恋愛は異性とするもの」というのも、その決めつけのひとつです。

小・中学校の保健の教科書には今でも「思春期になると異性を好きになる」という記述が載っています。ここでは、同性が好きな人や、恋愛をしない人の存在は「ないこと」になっています。

私は多様な性について、中学や高校に呼ばれて講演をする活動をしていますが、講演の中でよく「もしあなたが教科書会社で働いていたら、代わりになんて書きますか」と生徒のみなさんに質問をしています。

「思春期になると人を好きになります」と答える人もいれば、「本当にだれもが思春期に恋愛をするのだろうか」と考える人もいます。「好きになる相手や好きになるタイミングは人それぞれ」と書いたらどうか、「みんなちがってみんなよい」という名言も載せたらいいのではないか、いろいろな意見が出ます。

こうして、あぁでもない、こうでもない、と考えることが私たちの多様な性について学ぶことだと思うのですが「思春期になると異性を好きになる」で終わる授業には、そのような余白はありません。ただ、偏見が押し付けられて終わるだけです。

私の友人である室井舞花さんは、中学時代に保健の教科書のこの記述を読んだとき

「自分はまちがっているんだ」と感じ、目の前が真っ暗になるぐらいショックを受けました。同級生の女の子が好きだった室井さんは、人を好きになるのはもうやめようと心に決めたそうです。

本当は、間違っていたのは自分ではなくて教科書だったのですが、そう気づくのには時間がかかりました。大人になった室井さんは、教科書を変えるために声をあげることにしました。

私も一緒に室井さんと「教科書にLGBTを載せてほしい」とインターネット上で署名活動をしたり、政治家に会って話をしたりするようになりました。文部科学省は「LGBTについて教えるのは国民の理解がないからできない」と言って私たちの訴えをしりぞけましたが、「国民の理解がないからできない」という言い方があまりに冷たく、また無責任すぎるというので、むしろ注目を集めるきっかけになりました。

微積分だって学校で教えなければ「国民が理解」することなんてないでしょう。

こうしてLGBTが教科書に載っていない、ということが新聞で大きく取り上げられ、広く知られるようになりました。教科書会社の中には英語や現代文でLGBTを扱った文章をとりあげたり、現代社会の「公民権」の解説に黒人解放運動や女性運動とならべてLGBTの運動をとりあげたりと、工夫する出版社もでてきました。

「人間はかならず男と女の二種類にわけられ、そのペアである異性愛だけが存在する」という考え方のことを「強制異性愛主義（ヘテロセクシズム）」といいます。

強制異性愛主義を皮肉で描いているのが、次のページにある風刺画です。この風刺画は非常によくできているので二〇一四年にインターネットに投稿されると、SNSでたくさん拡散されました。

ふたりのお箸が立っていると、ナイフとフォークが近づいてきて「どちらがフォークですか？」と尋ねます。質問されたお箸はもちろんお箸ですから答えようがありません。しかし、ナイフとフォークは、世界にはナイフとフォークの二種類しかなく、そのペアしか存在しないと信じています。目の前にあるものを受け入れようとしません。このような人は同性カップルに対して「ふたりのどちらが男役で、どちらが女役なの」と質問したりもします。カップルがいれば、どちらかが男で、どちらかが女であると強く信じているのです。

強制異性愛主義を皮肉る風刺画

「思春期になると異性を好きになる」と書かれた教科書は、子どもたちに「世界はナイフとフォークのセットでできています」と教えているのと同じです。

強制異性愛主義は、ほかにもいろいろな場面で見られます。日本の婚姻制度も、人間を戸籍により男性と女性に二分して、男女のペアしか想定していません。男性どうし、女性どうしのペアは「想定外」とされ、法律上は「ない」ことになっています。

街をぐるりと見渡してみましょう。なぜ、異性カップルはすぐに見つかるのに、同性カップルはほとんど見つからないのでしょうか。みなさんのまわりに、仲良く暮らしている同性カップルの大人はいますか。

同性カップルの姿が見えない理由は「思春期になると異性を好きになる」からではありません。差別や偏見をおそれて、ほとんどの人たちが沈黙しているからです。

二〇一五年一一月、東京の世田谷区と渋谷区では、同性カップルが登録できるパートナーシップ制度の導入をはじめました。日本ではまだ同性カップルが法律上結婚することはできないけれど、二人が「他人」ではないことを証明するための公的書類を、自治体がはじめて発行することになりました。

この本を書いている二〇二〇年一二月現在、同性カップルが登録できるパートナーシップ制度を設ける自治体はどんどん増えていて、全国で一三〇〇組を超えるカップルが利用しています。私の住む横浜市では二〇一九年一二月に制度が始まり、一年間で一一〇組ほどのカップルが利用しています。地元の人たちにこの数字を伝えると「意外といるもんだね」と返事がかえってきます。

保健の教科書で「思春期になると異性を好きになる」と教えると、多様性は見えなくなります。パートナーシップ制度のような仕組みを作れば、多様性は見えるようになります。

恋愛の当たり前は、法律や自治体の制度、学校の教科書でどんなことを教えているかによっても変わります。

名前がつかない性や愛もある

以前、NHKのラジオ番組に呼ばれて、若い世代の人たちから性の相談を受ける機会がありました。ある中学生の男の子からは「自分はバイセクシュアルでしょうか」という相談のメールをもらいました。

この男の子には仲良しだった同性の友達がいたのですが、彼が転校してしまうことが決まってからというもの、毎日その子のことで頭がいっぱいになってしまったのだそうです。この気持ちは友情か。はたまた同性に対する恋愛感情なのか。自分でもよくわからなくなってメールを寄せてくれました。

まだまだ「恋愛は異性とするのが当たり前」とされている世の中です。彼が同性に恋をしているとなれば、そのことを相談できる場所も限られています。そこでラジオ番組の出番となったわけですが、他人であるラジオ・パーソナリティの私たちが勝手に「それはバイセクシュアルに間違いありませんね」とか「いや、ちがいます」なんて答えるわけにもいきません。自分のセクシュアリティは、自分で名前をつけるしかありません。そのときは「恋愛か友情かは私たちはわからないけれど、その子を好きだという気持ちは大切にしてほしい」と番組の中で伝えました。

このように「自分のセクシュアリティがわからない」という相談は、実はとても多いものです。私は「にじーず」という団体で、一〇代から二三歳までのLGBTや、そうかもしれないと思う人の集まれる居場所づくりを行っています。SNSを通じて「にじーず」に寄せられる相談の多くが「自分のセクシュアリティがわからない」、「私はLGBTなのでしょうか」「これは恋愛の好きなのでしょうか。友情の好きなのでしょうか」といった内容です。

そのたびに、私たちスタッフは「他の人には決められないことなので、自分で探していきましょう。セクシュアリティに名前がつけられない人もいます」とか「その時々の自分にもっとも近いものや、一番しっくりくるものを名乗ればよいと思います。途中で自認するセクシュアリティが変わってもいいんです」などと答えています。

性のあり方について考えるとき、「グラデーション」という考え方はとても役立つキーワードです。グラデーションというのは、はっきりとした境目がないという意味です。

空にかかる虹には、ここからが赤、ここからは黄色といった明確な区切りはありません。だんだんと色調が変化していき、赤、オレンジ、黄色、緑、青、むらさき色と移行していきます。性のあり方も「ここからが同性愛で、ここからが異性愛」という境界線があるわけではないのです。友情と恋愛にはっきりした境界があるわけでもなく、人間の気持ちにはあいまいな部分や決められないことも、たくさんあります。

高校生までは自分のことをレズビアンだと思っていたけれど、大学生になってからバイセクシュアルだと思うように変わったという人がいます。同性と付き合っているけれど、自分を同性愛者と定義するのはピンとこないと感じる人もいます。これから先だれを好きになるかわからないからセクシュアリティに名前をつけようとは思わないのだそうです。Aセクシュアルの人たちは、自分がこれから恋愛をするのか、それとも一生恋愛をしないのか、判断がつかないのでモヤモヤすることが多いようです。暫定的に今は

Aセクシュアルと名乗ってみることにしている、という人もいます。

ゲイ、レズビアン、異性愛、バイセクシュアル、Aセクシュアル……さまざまな用語がありますが、本当はだれひとりとして同じ性のあり方の人はいないので、人間の数だけ性のあり方があるといっても過言ではありません。

「にじーず」に参加している人たちの中には、最初は自分の性のあり方について「わからないのがいやだ」と思っていたのが、同じように迷っている人たちと時間を過ごすうちに「ま、わからなくてもいっか」と思うように変わったと話す人もいます。

「ま、いっか」というセクシュアリティもあります。

名前がつくことばかりではありません。

性の知識と好奇心は別物

日本の学校では「思春期になると異性を好きになる」という教科書が使われています。セックスや避妊などについて教えることについても、日本の学校はあまり積極的ではありません。

以前、仲間たちと性教育の出張授業でいろいろな学校を回っていたときには、事前に先生から「コンドームは持ち込んでもいいけど、封は切らないで」とか「保健室の中でみせるのはいいけど、廊下には出さないで」なんて注意をよく受けました。

実は、日本の学校では中学校でも「受精に至る過程」、つまりセックスは取り扱わないようにと学習指導要領には書かれています。あるところに卵子と精子が存在し、なぜか受精し、生命が誕生することになっています。

なぜ、日本で性教育が遅れているかというと、子どもたちに性教育をすると「寝た子が起きる」と考える人がいるからです。知識を与えると、子どもたちは発情期をむかえたサルのようになり、フリーセックスになると恐れているのです。

二〇〇四年に宮崎県にある都城市で、当時としては先進的な取り組みとしてLGBTの保護をうたった男女共同参画条例案が作られたことがありました。このときにも、反対する人は「都城市が同性愛者のフリーセックス・コミューンになってしまう」とあわてていました。このような人たちにとっては、人類はちょっとした刺激でフリーセックスをはじめてしまう危険生物であるようです。

実際には、性教育の進んでいる国では、若者たちの性行動はむしろ慎重になることが分かっています。たとえば性教育の充実したオランダでは中学校でコンドームやピル、LGBT、オーガズムなどを授業で扱っていますが、子どもたちの初交年齢は近隣諸国よりも高めです。

逆に「セックスは結婚してから」と子どもたちに禁欲を求める教育をしていたアメリカのある州では、若くして妊娠・出産する人や、性感染症に罹患《りかん》する人が増えました。禁欲教育に補助金を出せば出すほど、若者の妊娠が増えるのは皮肉です。

ダメだ、と言われれば言われるほど、むしろ反発してやりたくなる気持ちは想像できます。

インドのお坊さんのたとえ話に、似たような話がありました。あるお寺の門の近くで、立小便をする人はひとりもいませんでした――「ここで立小便するべからず」という張り紙が貼られるまでは。

中高生にはセックスはまだ早い、と思う人たちは、むしろ積極的に性教育を推進したほうがよさそうです。若者に慎重な性行動を望むなら「寝た子は起こすな」よりも「寝た子にこそ性知識」です。

そんなことを言いつつも、私自身は大学生になるまでは、性教育の時間なんてキライでした。異性愛が前提で、LGBTなんて出てこなくて「自分の体を大切にしましょう」と言われても、これっぽっちも響かなかったのです。

私が性教育の話を面白いと思うようになったのは、性感染症にかかった知人と大学時代に出会ってからでした。

性教育のスタイルは様々

その知人は、性教育に関するあるイベントで、自分が性感染症にかかったときの話を面白おかしくしてくれました。性感染症は、ウイルス、細菌、原虫などが粘膜接触（口、膣粘膜《ちつねんまく》、ペニス、肛門《こうもん》などが触れあうこと）によって感染するものです。性感染症にはクラミジア感染症やＨＩＶ／エイズ、梅毒、カンジダなどの種類があって、保健所などで匿名・無料で感染しているかどうかの検査を受けることができます。

症状が出ないことも多いのですが、その人の場合には死ぬほどかゆくて仕方なく、人目をはばかりたい気持ちと、陰部をかきむしりたい衝動との間で悶絶《もんぜつ》し、病院で強力な軟膏《なんこう》を処方してもらって、ことなきを得たとのことでした。

その話しぶりがあまりに面白くて、ゲラゲラ笑いながら、そうか、こういうことは「あってはいけないこと」にされていたんだなぁと思ったものです。

性感染症はこわいので気をつけましょう、と言われても、実際には性感染症にかかる人はいます。

セックスとは新しい命を生み出すもので、みなさんも責任をとる行動をしましょうと言われても、その授業を聞いている生徒の中には「おまえなんて産まなきゃよかった」と親に言われている子だっているでしょう。

「自分の体を大切にしましょう」と言われても、トランスジェンダーの私は自分の女性的な体なんてきらいでした。「きらいでいてもいい」というのが、むしろ当時の自分が求めていた言葉でした。

性教育をめぐっては「人間いろいろ事情はあるし、失敗することもあるけど、それならそれで考えよう」と言ってくれる人が、私たちには必要なんじゃないかなと思うのです。

動画配信サイト「Netflix」のオリジナルドラマである「セックス・エデュケーション」では、そのあたりがうまく描かれています。このドラマはセックス・セラピストの母を持つ童貞の高校生が（実際には性経験がないのを隠しながら）聞きかじった知識で、同級生のさまざまな性の悩みを解消していくというコメディ・タッチの物語です。

避妊に失敗してアフターピル（直後に服用することで妊娠を防ぐ薬）を買いに行く場面や、彼氏とのセックスでイケないという悩みや、痴漢被害。はじめてのアナルセックスにどう臨めばいいのか、という話も出てきました。

ひとりの先生が学校で「正しい知識」とか「正しい姿勢」を教えるスタイル自体が、あんまり性教育には馴染《なじ》まないのかもしれません。

監修されて作られたドラマを楽しみながら考えたり、友達と話したりするのも性教育のスタイルだし、最近だとYouTubeでも、楽しみながら知識を学べるコンテンツを発信している人たちがでてきています。

NPO法人ピルコンは「Amaze.org」という海外の団体が作っているアニメに日本語

字幕をつけて、YouTube上でたくさんの動画を公開しています。コンドームの付け方や、マスターベーションの話、相手に拒絶されたらどうするか、などさまざまな動画があります。友達にトランスジェンダーと言われたら、といったＬＧＢＴに関する動画もあります。ユーモアのセンスもかなり高いので、興味がある人はぜひ探してみてください。

年齢よりも相手の気持ち

近年、注目が集まっている言葉に「性的同意」という用語があります。

性的同意とは、性的な行為について「お互いがノリノリでやりたいかどうか」をあらわす言葉です。

イギリスの警察は、性的同意について紅茶でたとえた動画を公開しました。

あなたは誰かに紅茶をいれることにしました。

「紅茶はいかが？」とあなたが尋ねたとき、「飲みたかったんだ！　ありがとう、ぜひ！」と答えたら、相手も紅茶が飲みたいことがわかりますね。

もしも「紅茶はいかが？」とあなたが尋ねたとき、「う〜ん……どうしようかな……」と答えた場合、あなたは紅茶をいれてもいれなくても構いません。

しかし、仮にいれたとしても相手が飲むとは限りませんよね。もし相手がそれを飲もうとしなかったら、ここが重要です。相手に無理やり飲ませない。あなたがわざわざ紅茶をいれてあげたとしても、相手がそれを飲まなければならない義務はないのです。

相手が「要りません」と答えたなら、紅茶をいれるのをやめてください。少しも要りません。ただ、やめてください。

動画には意識を失って倒れている人もでてきます。通常、意識を失っている人は紅茶を飲みたいとは思っていません。それと同じで、「ほしくない人に紅茶を飲ませること がどれほど完全に馬鹿げたことか理解できて、相手が紅茶を飲みたくないことも理解で きるのならば、セックスも同じ」だと動画は訴えます。

一週間前はノリノリで応じてくれたから今回もいいだろうとか、相手の家についてき たんだから合意しているんだろうとか、私たちは勝手に憶測しがちですが、相手の心づ もりはちがうかもしれません。

ときどき中高生のセックスは早すぎるのかとか、だったら何歳からいいのか、といっ た議論が湧き上がることがあります。こんなとき、私は自動車の運転免許などと同じよ うに「セックスをするにはどんな能力が必要なのか」がもっと明確になったらいいので はないかと考えています。

・「ひょっとしてするのはいや?」と相手に聞くことができる
・途中でやめることができる

・性感染症や避妊の知識があり、予防のための行動がとれる
・性感染症になったり避妊に失敗したときに医療機関を受診できる

自分の胸に手をあてて、できると思ったらやればよいし、難しいと思うならやめておく。

「何歳になればセックスをしていいのか」よりも「こういう力があるなら、できるよ」と提案するのは、年齢に関係なく「性的同意」を取ろうとしない人はいるからです。「こういう力があるなら、できるよ」だったら、セックスに興味がある一〇代の人たちは「自分もがんばろう」と思えるでしょう。大人たちも「そういえば自分はどうだろう」と謙虚になれたらいいですね。

コラム　ＢＬや百合マンガのことをどう思いますか？

性の多様性について学校で話をしていると、よく「ＢＬや百合マンガをどう思いますか」と質問を受けることがあります。ＢＬはボーイズラブの略称で男性どうしの、百合は女性どうしの恋愛を描いた作品で、中高生にも人気ですし、大人でも好んで読んでいる方がたくさんいます。

ＬＧＢＴ当事者にも様々な人がいるので「非当事者が自分たちのことをネタにして自由に描いているのはイヤだ」と感じる人もいれば、むしろ自分自身もＢＬや百合作品のファンで、どっぷり作品に共感をしているという人もいます。性描写ばかりだったり「禁断の愛」のようなキャッチコピーで「いかにも同性を好きになることはタブーなのだ」という描き方をしていたりするのはイヤだけれど、等身大の登場人物が描かれている作品はとてもいいとか、作品によっても判断はいろいろ分かれるように思います。以前の作品に比べて、最近のＢＬは登場人物が幸せになったり、社会情勢が反映されたり（自治体のパートナーシップ制度が作品に登場したり）と内容も変わってきているようです。

堀あきこと守如子《もりなおこ》の編集による『ＢＬの教科書』（有斐閣）ではＢＬが様々な角度から研究されていますので、関心がある人はよかったらこちらもどうぞ。

第四章　家族の「普通」ってなんですか？

「あたしはいいことも悪いこともあるのが家族だって思うけど、まやちゃんはそうじゃない？」

（鳥野しの『オハナホロホロ』）

家族がサメより危険な理由

地球上でもっとも危険な生き物はなんでしょうか。ライオン、毒ヘビ、サメ、いろいろ手強そうな生き物が思い浮かびますが、人間の命を奪う生き物の断トツは「蚊」なのだそうです。

マイクロソフト社の創始者であるビル・ゲイツが調べたところ、二〇一四年の調査で、蚊は年間七二万五〇〇〇人の命をうばっていました。あれだけ小さな生き物なのに病気を媒介するので怖いんですね。それに比べて毒ヘビによる犠牲者は年間五万人にも届きません。サメによる犠牲者は年間一〇人程度です。

人間の命を奪った生き物として、蚊の次に多かったのはなんでしょう。

みなさんはもう想像がつくかもしれません。人間にとっての脅威は、やっぱり人間です。年間の死亡者は四七万人。戦争によってたくさんの死者がでることがありますが、それをのぞけば殺人の半数近くは「親族間」で起きるそうです。

ある意味ではライオンよりも、毒ヘビよりも、家族のほうがよっぽど潜在的な危険生物と言えます。他人であれば仲良くしなくても済むのに、家族の場合には「血がつながっているから」とか「しがらみ」とかで、異なる人格の人間どうしがコミュニケーションを取ることを強いられます。その結果、どうにもならなくなって殺人事件にまで発展してしまうことが地球上のあちこちで起きています。

そのようなニュースをみるたびに、殺し合いをしてしまうぐらいなら、家族を解散することはできなかったのだろうかと私は考えてしまいます。ミュージシャンが疲れたらバンドの活動を休止にしたり、解散したりするのと同じように、家族も途中で「お母さんも今日からソロ活動するわ」みたいに言えたら、少しは様子が変わるのではないでしょうか。

ただ、現実にはなかなかそうなりません。背景には、家族に課せられているさまざまな機能があげられます。

家族は経済的な共同体です。だれかがだれかに経済的に依存している場では、お互いが対等に意見を述べることは難しくなります。どれだけ親にムカついても、子どもだけで学費や食費を支払う大変さを考えてしまうと、子どもはソロ活動を思いとどまります。

家族はケアの場所でもあります。小さな子を置いて大人がソロ活動にいそしんだら、それはある種の虐待になってしまいます。障害のある人にとっては、自分を介助する家族との関係を対等に築くのはなかなか大変です。子どもが大人のケアをしている家族もいます。病気や障害で動けない親や、おじいさん、おばあさんをお風呂にいれたり、ご飯を食べさせたり、買い物や掃除、洗濯などの家事をすべて子どもがやるのです。家族のケアを担わされている子どもを「ヤング・ケアラー」と呼びますが、家族のために学校を休んだり、友達と遊ぶのが制限されたり、自由に進路が選べなかったりして、このような子どもの負担を減らせるように、最近ではさまざまな取り組みも始まっています。

たくさんのしがらみがあるから、家族との距離感は難しく、他の人間関係に比べてやっかいです。家族と意見や感じ方がちがうとき、家族とはどのような距離感で接したらいいでしょうか。

もし自分が将来家族を作るとしたら、どんな相手と、どういう関係を築きますか。

第四章では家族について注目しましょう。

学校に行くのは義務ではなく権利

この章ではトランスジェンダーのジュンに登場してもらいましょう。ジュンはお母さんとの仲がだいぶこじれているようです。

ジュンは一七歳。本屋でアルバイトをしています。本屋を選んだのは制服がないから。スカートの制服がイヤで、ジュンは高校に行かなくなりました。

ジュンの母親はバイトをするなら学校に行けといいます。顔をあわせるたびに、服装や髪型が男の子みたいだと小言を言います。家がイヤだからジュンは桜の家にいりびた

っています。桜は専門学校に通う一九歳で、ジュンを弟のように可愛がっています。ふたりが付き合っているのを知って、母親は「学校に行かないからあんたはおかしくなった」と泣きました。そしてジュンのスマホを取り上げて、そのままベランダから放り投げました。

ジュンは「おかしいのはあんただ」と怒鳴りました。

桜は保育士を目指しています。子どもが好きな優しい子です。

ジュンは二〇歳になったら性別適合手術を受けて桜と結婚するつもりです。いつか温かい家庭を築くのがジュンの夢です。

ジュンもお母さんも、なんだか苦しそうです。

赤の他人どうしであれば「お互いに気があわないようなので、それではまた」と言って立ち去れそうなのに、それができずに衝突しています。

ジュンが高校に行かないのには理由があります。自分は男の子だと思っているのに、制服でスカートを着せられるなんて、ジュンからしたらありえないのです。中学生のときには三年間、イヤだなぁと思いながらスカートをはいて、学校につくとジャージに着替えて生活していました。今の高校は、ジャージで過ごしていると先生が怒ります。ジュンはそんなところで勉強したくありません。

日本国憲法では、子どもが教育を受ける権利について書かれています。

日本国憲法　第二十六条
すべて国民は、法律の定めるところにより、その能力に応じて、ひとしく教育を受ける権利を有する。
2　すべて国民は、法律の定めるところにより、その保護する子女に普通教育を受けさせる義務を負ふ。義務教育は、これを無償とする。

子どもが大人に命令されて働かされたり、先ほどあげたヤング・ケアラーのように他の家族のために家にいるよう言われたりすると、子どもは大人よりも立場が弱いですから「本当は勉強がしたい」と思っても、泣く泣く諦めざるをえません。そうならないように憲法の中では、子どもにはきちんと学ぶ権利があり、大人がそれをジャマしてはいけないということが書かれています。

ここで重要なのは、憲法はあくまで「子どもが教育を受ける権利」について書いてあるのであって「子どもは教育を受ける義務がある」とは書いていないところです。

学ぶ方法は自由ですから、学校に行くのがいいという子もいれば、そうではない場で学ぶほうがあっている子もいます。

少し前までは、学校に行きたがらない子どもは「病気ではないか」と心配されたり「不登校は治すものだ」と思われたりしていましたが、学び方はそれぞれなのだということが近年は少しずつ認められるようになりました。

フリースクールといって学校よりも自由度の高い、不登校の子どもたちが自分のペースで学べる施設もあります。自宅でインターネットを使って勉強する子もいます。

ジュンは、アルバイトが社会勉強だと思っています。もともと机にむかうのは好きではなかったし、いつか勉強したいと思ったら、自分のことをきちんと男の子として認めてくれる学校にもう一回行けばいいと思っています。

実際にアルバイトではたくさんのことが学べます。中学までは身近な大人といえば親や先生ぐらいでしたが、本屋ではさまざまな年齢のお客さんと話す機会があります。敬語が使えるようにもなりました。

ジュンは意気揚々としていますが、その頃ジュンのお母さんは——。

母の期待と現実

ジュンのお母さんは、女手ひとりでジュンを育ててきました。

子どもをひとりで育てるのは大変です。ジュンは幼い頃にはしょっちゅう熱をだしたので、職場に保育園から電話がかかってくるたびに、同僚に「すみません」と頭をさげて早退をしていました。

ジュンは恐竜が好きな子どもでした。休みの日には親子二人で上野にある博物館に、恐竜の化石を観にでかけました。そのあと広い公園でソフトクリームを買って、ベンチにすわりながら二人で食べました。

小学校にあがったとき恐竜図鑑を買ったらとても喜んで、それから時間さえあれば図鑑をながめて好きな恐竜の絵を写すようになりました。お母さんの職場のデスクにはいつも、ジュンの描いた緑色のトリケラトプスが飾られていました。

あの頃のジュンと、いまのジュンはすっかり変わってしまったようにお母さんからは見えます。お母さんとしては、今のジュンがなにをしたいのか、将来どのような大人になるのかがまったく見えません。学校には行かない。夕飯も家で食べない。おまけに、インターネットで知り合った恋人の家にいりびたっているみたいです。「インターネットで知り合ったって一体どんな人なの?!」と問い詰めると、なんと相手は女の子だと言います。

お母さんがジュンに期待しているのは、次のことです。

①せめて高校は卒業してほしい（期待レベル★★★）

学歴がないことで差別されるジュンの姿をお母さんは見たくありません。お母さん自身、高校で習った数学や化学、世界史の知識のほとんどは忘れており、授業中は「睡眠学習」だったのですが、それでも高校は出ていたほうがいいと考えています。

②インターネットで恋人を探すのはやめてほしい（期待レベル★★★）

犯罪に巻き込まれて殺されたらどうするんでしょう。顔や素性もわからない相手とやりとりをして、同年代だと思って会ってみたら相手が五〇歳だった、なんてこともよくある世界です。インターネットとは、恐ろしい猛犬が、けなげなチワワを装っているような怖い空間なのです。そんなの、不健全な出会いにまちがいありません。

③家にかえってきてほしい（期待レベル★★★★）

連絡がつかず心配だし、もう母のことなんてどうでもいいのだという感じが伝わってきて寂しいです。それに端的にムカつきます。せめてＬＩＮＥの返事くらいよこしなさい。

④よくわからない女と付き合うのをやめてほしい（期待レベル★★）

お母さんもニュースでＬＧＢＴについてみていて、まったく理解がないわけではないですし、そういう時代なのだとも思っていますが、素性の知らない女の家にジュンがいりびたっているのは許せません。

このような事情によって、お母さんは「窓からスマホを放り投げる」という蛮行に至ったわけですが、それでお母さんがスッキリしたかといえばそうでもなくて、むしろお母さんはちょっとした自己嫌悪にも駆られたのでした。

あの、上野の広い公園で、親子でのんびりソフトクリームを食べていた時間が、永遠に続けばよかったのに。

どうして、こんなことに、なってしまったんだろう。

普通だったらよかったのに……

どうして、こんなことに、なってしまったんだろう。

その頃、スマホを破壊されたジュンも同じことを思っていました。ジュンはトランスジェンダーであることをお母さんには打ち明けていません。関係性が最悪なのに、話したってどうせ分かってもらえないと思っています。

ジュンはとっても怒っていましたが、同時に悲しくて、やりきれなくて気持ちがぐちゃぐちゃになっていました。言い争いになったときにお母さんに泣かれると、どうにもつらくてたまらないのです。

「おまえは、親を泣かせたとんでもないやつだ」。

そんなふうに自分で自分を責めてしまう部分があって、いっそのこと自分が親のない子どもだったらよかったのではないかという気分になります。

親がいなかったら、親にどう思われるかを考えずに、もっと自由に生きられたんじゃないか。親の期待に沿った生き方ができない自分のことを責めずに、もっと楽になれたんじゃないか。

実のところ、本当は高校に行った方がいいんじゃないか、みんなと同じように生きられたらよかったんじゃないかって、ジュンもどこかで思っています。

本屋でのアルバイトは楽しいけれど、自分がトランスジェンダーでなかったら、きっと高校には通えていたとジュンは思うのです。

トランスジェンダーでなくて「普通の男」だったら、高校に楽しく通えて、卒業できていたんじゃないか。そうしたら学歴差別なんて心配しなくてすむのに。

トランスジェンダーでなくて「普通の男」だったら、高校に行きなさいと親を泣かせることもなかったんじゃないか。どうしてあんたは学校に行かないの、なんて言われて、理由を言えずにだまりこむなんてこともなかったのに。

トランスジェンダーでなくて「普通の男」だったら、たくさんの貯金をして体にメスをいれなくても、違和感のない体を手にいれられたのに。

トランスジェンダーでなくて「普通の男」だったら、好きな女性と結婚をして家庭を築くのはもっと簡単だったのに。

ひとたび「もしもトランスジェンダーでなかったら」と考え始めると、ジュンの頭の中はたくさんの「普通」が無限に浮かんできます。本屋で働いて、学校だけでは見られなかった世界を見ることができて、世界でいちばん可愛い女の子とデートできて、満ち足りていたはずなのに、ジュンの心にはぽっかりと穴が空いています。

究極のところ「普通」に生きられたら、お母さんを泣かせることもなかったんじゃないでしょうか。親を泣かせることなしに生きていけない自分の「自分らしさ」なんて、なかったほうがよかったんじゃないでしょうか。

寺山修司を襲撃した母

時には母のない子のように　だまって海をみつめていたい
時には母のない子のように　ひとりで旅に出てみたい
（カルメン・マキ「時には母のない子のように」、作詞は寺山修司）

戦後日本を代表する劇作家のひとり、寺山修司が作った詩の一部です。

寺山はジュンと同じように、母ひとり子ひとりの母子家庭で育ち、親子関係に悩んでいました。ジュンのお母さんはスマホを窓から投げましたが、寺山の母ハツは息子の結婚に反対し、寺山の新居に石を投げたり、放火を試みたりしています。また息子が唯一の生きがいだったので、息子のことでハツはなんどか自殺未遂もしています。

なんでそんなことになったのか、といえば、寺山母子が生きていた戦後ならではの特殊な事情もあります。

寺山のお母さんであるハツは、戦争によって夫をなくし、赤貧の中で必死に息子を育ててきました。戦後すぐは青森の米軍キャンプで働き、やがてハツは息子をひとり残して単身で九州に出張します。寺山がまだ小学六年生のときのことです。当時のことを、ハツは『母の螢　寺山修司のいる風景』（新書館）の中でこう回想しています。

私は毎日仕事の帰りひきよせられるように海岸まで足を運びました。この海のむこうの本州のはずれまで行かなければ修ちゃんに会うことが出来ないのだ、私はなぜこんな遠くにいるんだろうと、海を見ながらさめざめと泣いたものです。はじめの一年ぐらい、ほとんど毎日、私の日課のように……。

ハツの夢は「修ちゃんといつか一緒に暮らすこと」で、それだけを毎日願っています。いっぽうの寺山は、ハツが出ていってから母の悪口をふれまわっていました。ハツは米軍キャンプで働いていましたが、近所では「米兵の愛人としてお金をもらっている」と陰口をたたかれていて、幼い寺山はそのことでずっといじめられていました。ハツは寺山に「しつけ」と称してひどい虐待もしました。

離れて暮らすようになった母は「修ちゃんのために」と必死でお金を稼いでは仕送りをしますが、ひとり残された寺山は、内心複雑でした。

そこで、彼は常軌を逸する行動に出ます。

まず高校一年生のとき「母逝く」という題の連作短歌を発表しました。


音たてて墓穴深く母のかんおろされしとき母目覚めずや

これが新聞に掲載されると、高校の先生は寺山に苦言を呈しました。

「おまえのお母さんは生きているじゃないか」。

それでも寺山は止まりません。この後、晩年にいたるまで寺山はエッセイや演劇、映画、インタビューなどさまざまな場面で、母を死なせたり、捨てたり、売春婦と呼んだり、売ったりし続けます。

二七歳のときに発表した『家出のすすめ』（角川文庫、発表時のタイトルは『現代の青春論』）では少年時代を回想し、母と別居した一三歳の頃に「春本」を見つけ、夜汽車の中で意味不明の伏せ字すべてにハッという名前をはめて読んだと彼は書いています。

いきなり腰に手をかけて引き寄せ、しなやかな内腿《もも》に手を入れて、新芽のような柔らかい彼女のハッに指を入れた。するとハッはあれ！　と身もだえしたが、そのままハッをくねらせると、だんだんハッになると見えて（中略）半ば後ろからハッをのぞませ、二三度ハッをハッしてから、ぐっと一息にハッするとさしものハッもハッで充分だったので、苦もなくハッまですべりこんだ、その刹那……さすがにハッに馴《な》れたハッも思わず「ハッ！」と熱い息をはいて、すぐにハッをハッしてハッハッとハッするハッにぐいぐいとハッハ

出張のために九州へ発《た》った母は、ここでは「自分を捨てて男と駆け落ちをした」こと

になっています。息子のために身を粉《こ》にして働いたハツを、そんな風に書くなんて極悪すぎる仕打ちです。

大人になった息子が将来そんな作品を作るなんて、ハツは想像もしません。

九州でひとり暮らす過酷な日々「いつか修ちゃんと二人で暮ら」すことだけを夢見て、働きづめだったハツは骨と皮ばかりの幽霊のような見た目になっていました。寺山は大学に入るとネフローゼになり、長期の入院生活を強いられます。生死の境をさまよう息子の姿に、ハツはいっそのこと自分を殺して息子を生かしてくれないかと神様に祈るばかりです。

苦労づくしのハツが、東京で寺山と二人で暮らせるようになったのは、寺山がネフローゼからやっと回復した成人後のことでした。

ただ、その生活は半年もせずに寺山の結婚によって終止符が打たれました。新妻に「別居してほしい」と言われ、ハツは結婚を認めないと宣言します。これでハツは大暴走してしまいます。荷物をまとめてアパートから姿を消した息子に衝撃を受け、新居を突き止めると、夜中に窓に石をなげて襲撃します。窓から火がついた衣類が投げ込まれて、あわてて寺山が火を消しとめると、燃えていたのはネフローゼで入院中に着ていた浴衣でした。

息子には息子の人生があるのに、ハツはそれを認めることができません。

わりきれなさを肯定する

子どもの人生を支配しようとする親を、毒親と呼びます。アメリカでは一九九〇年代にスーザン・フォワードというセラピストが出した『毒になる親　一生苦しむ子供』(毎日新聞社)が話題となり、多くの人が自分の家族関係について見つめ直すきっかけになりました。

この本では、暴力をふるう親、性的な行為を強要したりする親、アルコール依存症の親といったわかりやすいものだけでなく「自分の言うことは絶対だ」と異論を言わせないまるで神のように振る舞う親、過干渉でコントロールしようとする親、養育放棄の親などが、毒親の例としてあげられています。本の最後には親との「対決」が勧められていて、これまでの思いを手紙にしたり、対面で話したりすることで、自分の独立した人生を手に入れようと述べられています。

家族によっては、そういうやり方ですっきりして子どもが生きていける場合もあるのでしょうが、寺山修司の場合にはすっきりとは少し様子が異なりました。

大人になった修司は、先述のとおり母を作品の中でやりたい放題に描きました。ただ「母を姥捨山《うばすてやま》に捨てよう」と言ってみたり、ハツの写真をビリビリに破いてみたり、かと思えば、ビリビリに破いた写真をていねいに赤い糸で綴《と》じ合わせた作品を発表したり、ハツをしゃぶしゃぶや寿司屋に連れて行って親孝行をしたりと、側《はた》からみたら行動に一貫性がありません。むしろ一貫性がないことやわり切れなさこそが、修司にとっては大切なことだったのではないかとも思えます。

ハツはハツで、作品の中でひどい扱いをされることに対し「修ちゃんはどうして、なんにでも母をつかうの」と烈火のように怒ったかと思いきや、別のときには、母がめちゃくちゃに扱われる現代演劇を見た後に「今回の劇が、修ちゃんの作品の中で一番よかったね」なんてニコニコしていたりと、よくわからないところがありました。

修司の死後にハツが出したエッセイ集『母の蛍　寺山修司のいる風景』は、修司の次の俳句からタイトルを取っています。

母の蛍　捨てにゆく顔　照らされて

母は捨てようと思ってもそう簡単に捨てることができない、という意味の息子の句です。これをエッセイのタイトルに選ぶ母というのも、なかなかできる芸当ではないと思います。

親子関係に思い悩み、どうしようもなくなって、距離をとるしかない家族も世の中にはたくさんあります。『毒になる親』のセラピストがいうように、いったん場をセッティングしてこれまでの思いを伝えることでしか、人生の再スタートが切れない子もいることでしょう。

でも、寺山のように、わりきれなさを抱えながらも生きていく方法もあるのではないかとも思うのです。むしろそのような家族の方が多いのではないか、とも。

彼の遺《のこ》した作品は、お母さんへの侮辱がすぎるものもあります。たとえばハツを半裸にして、白塗りにして縛り、そうして撮った写真に本人の了承をえずに「ぼくの母は男と駆け落ちをして……」なんて文章を載せて発表しているのは、芸術の名前を借りた暴力としか思えません。それを断った上で、それでも彼の表現には、わりきれなさを肯定する力があり、親子関係に悩む人へのエールがこめられているように感じます。

泣かない子だった宇多田ヒカル

親との関係に苦しみながら、「関係を断とう」でも「親と対決しよう」でもない道を選んだアーティストとして、この章ではもうひとり取り上げたい人がいます。それはシンガーソングライターの宇多田ヒカルです。

宇多田ヒカルは一九八三年生まれ。音楽プロデューサーの宇多田照實《てるざね》と、天才的な演歌歌手として知られた藤圭子《けいこ》を両親に持ちます。一九九八年に一五歳の若さでデビューすると、ファーストアルバムである『First Love』は累計売上枚数七六五万枚を超える大ヒットとなりました。これは日本国内の歴代アルバムのセールス一位を記録しています。彗星《すいせい》のように現れた早熟なアーティストが、どうやらあの藤圭子の娘らしいとわかってメディアは騒然となりました。宇多田ヒカルはその後も次々に楽曲を発表し、日本の音楽界を代表する存在となりました。

彼女が自分の半生をふりかえって書き下ろした『点-ten』（EMI Music Japan Inc./U3music Inc.）には、幼少期の記憶として冒頭から次のような描写がなされています。

ママ大好き、ママこわい、お父さん大好き、お父さん嘘《うそ》つき、消えたい、テーブルの下にいると落ち着く、くやしい、ママのステージ衣装が家にある、鮮やかなアジェンタのドレス、金色のハイヒール、キラキラの大きな宝石、ディオールの赤い口紅の味、ママの公演をステージのそでからずっと見てる、すごい音、光、闇、集中力、熱、ママ泣いてるみたい、お客さんの方を向いてる、私のほうは見てない――。

五歳の頃から自分は人前で泣かない子どもだったと宇多田は振り返っています。お母さんの前で泣くと、悲しくて泣いているのは自分なのに、なぜか母のほうが傷ついて「悪いのはヒカルだ」と泣きながら責められるからです。

父は父で、娘にいわせると「武家の名残を感じさせるような人」。甘えや弱音を許す雰囲気がなく、九歳になる頃には宇多田は怒りや不満などの感情がまったくなくなっていました。その頃、彼女は両親に「離婚したほうがいいんじゃないの」と提案もしています。

「ふたりは合わないんじゃないの。意見聞いてたら、両方の言うことが全然かみ合ってないよ」

トップアーティストとして様々なインタビューを受ける中で、宇多田はデビュー当初から自分の家族が機能不全に陥っていたことを隠さずに話していました。彼女の曲の中には、恋人に向けたラブソングのように見えながら、実際には母に対しての気持ちを歌ったものがいくつもあります。

たとえば「Letters」にはこんな歌詞が出てきます。

ああ　両手に空を　胸に嵐を
ああ　君にお別れを

ああ　この海辺に残されていたのは　いつも置き手紙

言葉を交わすのが苦手で、手紙に「必ず帰るよ」と書いたきり姿を消してしまった「君」。それまでにも彼女の両親は六回も結婚と離婚をくりかえしていましたが、宇多田が華々しくデビューを飾った後、母は家を飛び出しています。

その八年後には「嵐の女神」の中で、宇多田はこう歌います。

お母さんに会いたい
分かり合えるのも　生きていればこそ
今なら言えるよ　ほんとのありがとう

この年、宇多田は翌年以降のアーティスト活動を全面休止し「人間活動」に専念したいとブログで発表します。ずっと会えないでいたお母さんと宇多田が再会できたのは、それから三年後。ただし、それは藤圭子が自死という形で生涯を閉じたときでした。

語れなかった家族の病気

私の知り合いに、精神疾患を持つお子さんがいるお母さんがいます。高校生の息子が統合失調症という病気を発症したとき、お母さんは知識がなかったので、とても戸惑いました。

子どもが病気になったら、たとえば白血病になったとしたら、親はそのことをまわりに話して、まわりも「大変だね。なにかできることがあったら言ってね」といって応援してくれることでしょう。

しかし、そのお母さんは息子が統合失調症になったことをまわりに言えるまで時間がかかりました。それは精神疾患に対する世間の偏見が強くて、理解されるかどうか心配だったからです。息子の症状が、病状なのか、それとも自分のせいで起きていることなのかも分かりませんでした。

つらかった頃の経験をきっかけに、このお母さんは今では同じような経験を持つ仲間たちと一緒に「精神疾患を教科書に載せてほしい」という署名活動をしています

(http://change.org/oshiete)。第三章では「LGBTを教科書に載せてほしい」という署名活動の話をしましたが、教育によって変えられることは、まだまだたくさんあります。

宇多田の場合には、このお母さんと逆パターンです。親が精神疾患を持っていることを、子どもとしてどう受け止め、まわりに話したらいいのか悩んでいました。

母の死後、三年たってから、宇多田はふたたび音楽活動をはじめます。そのときのインタビューで、彼女はこう答えています。

母とのことは雑誌なんかではたまに話していたけど、広く浸透するような場では発言してこなかった。母が亡くなったことで、これまで自分に課していた最も大きなセンサーシップが取り払われたと感じました。私は自分の考えを正直に音楽にしてきた方だと思うんです。でも母は私にとって一番のメッセージポイントなのに、結局、赤裸々には表に出せず、どこかで隠しながら必死に暗号を出し続けるようなやり方でした。

(「encore 宇多田ヒカル特集 Vol2.」インタビュー前編(2016.9.30) https://e.usen.com/special/12949/ より)

自分の表現について語ろうとすれば母のことに触れないわけにはいかないのに、精神疾患に対する差別や偏見が厳しいために、それをはっきり語ることができなかった葛藤がここではうかがえます。宇多田は「今後、精神障害に苦しむ人やその家族のサポートになることを何かしたい」とＳＮＳで発言し、以降のアルバムではお母さんに関わる曲を以前よりも前面にだして歌うようになりました。

花束を君に贈ろう
愛しい人
愛しい人
どんな言葉並べても
真実にはならないから
今日は贈ろう
涙色の花束を君に

（「花束を君に」）

僕の親がいつからああなのか知らないけど　（大丈夫　大丈夫）
君と僕はこれからも成長するよ　（大丈夫　大丈夫）

（「play a love song」）

いわゆる毒親に対する向き合い方として、対決するのでも、逃げるのでも、寺山修司のように魑魅魍魎《ちみもうりょう》の世界で描くのでもなく、宇多田ヒカルはお母さんを受け止めることを選びました。それは、お母さんが亡くなってようやくできたことだったかもしれませんが、そのような家族の形もあることを、彼女は音楽を通じて伝えつづけています。

普通の家族なんてない

ここまで寺山修司や宇多田ヒカルのエピソードを通して、親子関係の難しさや、子どもがどうやって自分の人生を取り戻していけるのかを見てきました。

ここで、ジュンとお母さんの関係に、話を戻しましょう。

ジュンはトランスジェンダーです。お母さんにはそのことをまだ打ち明けていません。トランスジェンダーはせいぜい人口の〇・三%、三〇〇人にひとりぐらいしかいないマイノリティですから、トランスジェンダーとその親となれば、やっぱり世間からみたら少数派という感じがします。

ただ、そこで起きている衝突や悩みが、トランスジェンダーを家族に持たない他の人たちには共有できないものかといえば、そうではないと思います。

「自分が〝普通〟に生まれたらお母さんを泣かせることもなかったのに」。

ジュンはそんな風に嘆いていますが、たとえば障害を持った子どもも同じようなことを考えることがあります。

寺山修司が活躍していた一九七〇年代、横浜で障害を持つ子どもをお母さんが殺してしまった事件がおきました。今でも昔でも、重い障害を持つ子どもが生まれると、その子を介助するのはまずは母親だという眼差しがあります。当時は「お母さんも気の毒だった」と殺人罪の減刑を求める運動がわきあがり、障害者からもお母さんへの同情する意見が出るほどでした。このとき「そんなのおかしいだろ。殺されてたまるか」と声をあげた人たちもいました。自身も脳性マヒを持ち障害者運動のリーダーだった横塚晃一は『母よ！　殺すな』（生活書院）の中で、こう書いています。

泣きながらでも親不孝を詫《わ》びながらでも、親の偏愛をけっ飛ばさねばならないのが我々の宿命である。

障害者はケアを受ける側なのだから親の言うなりに生きろとか、自己主張するなとか、親に殺されても仕方ないとか、そんなことがあってたまるか、むしろ障害者が最初に対《たい》峙《じ》しなくてはいけないのは、差別意識を障害のある我が子に植え付けようとする親だ、と彼は述べました。彼の激しい主張に「そのとおりだ」と同調する人もいれば「自分はそんなことは言えない」と考える障害者もいました。

家族との衝突を「自分が普通ではない」せいだと感じてしまう人は実はそれなりにいるのだということ。また「自分の家族は普通ではない」と感じつつ、そのことをまわりに言えない人がたくさんいることを、私は様々な文学作品やアートを通じて学びました。

この本を書いている私自身も、トランスジェンダーの当事者として家族関係に悩むことはありました。親との関係だったり、あるいはパートナーができて交際していく中で「自分がトランスジェンダーであることはまわりの人をも悩ませることなのではないか」と考えたこともあります。そんなときに、助けになったのは、たくさんの「普通」から外れる人たちの物語でした。

むしろ「普通の家族なんてない」と開き直ってしまえば、自分の親がことさらおかしいとか、マイノリティとして生まれた自分がことさら変だとか、思わずにすむのではないでしょうか。

自分が新たに家族をつくるために

ここでジュンの彼女、桜にも話を聞いてみましょう。

桜は専門学校に通う一九歳。両親と弟の四人暮らしです。桜はジュンを家族に紹介しています。たびたびジュンは家に来るし、みんなと一緒に夕飯を食べることも多いので、その方が話が早いと思ったのです。

「見た瞬間からオレ、わかってたよ」

弟はトンカツを食べながらあっけらかんと言い、両親もジュンを気に入って、一大イベントは終わりました。ジュンはお母さんとは仲が悪いのに、桜の両親とは打ち解けています。

そんな桜は、ジュンのことで気がかりがあります。

「二〇歳になったら手術をして結婚したいから」とジュンは言うのですが、桜には結婚願望はないし、自分と結婚するためにジュンが手術をするのは、正直言って「気が重たい」のです。

「私と結婚したいからたくさん貯金して、ジュンくんは手術をするの?」

桜が聞くと、ジュンは「ちがう」と答えます。でも、お父さんに対しては「二〇歳になったら僕はケジメをつけるんで」なんて話しています。

「結婚しなくてもジュンくんと家族になれると私は思ってるよ」。

桜はたびたびジュンに言うのですが、ジュンの反応は毎回ビミョーです。

ジュンと桜では、将来ありたい家族のビジョンがどうやら少しちがうみたいです。

ジュンは、交際の先には結婚があり、結婚したあとには桜と子どもを育てたいと考えています。ジュンは桜とは血のつながった子どもを持つことはできませんが、法的な夫婦となれば病院で人工授精などの治療を受けられるようになります。

「桜は保育士を目指している子ども好きの女性だから、きっと子どもを産みたいにちがいない」。

ジュンは勝手に桜の気持ちを想像しています。

いっぽう、桜はそもそも結婚に対する願望はないようです。

「ジュンくんと一緒に、楽しく健康で過ごせたらいいな」と思っていて、子どもを持つことについても、特にどちらでもいいと思っています。

さて、二人の未来やいかに……？　ジュンと桜には本章の最後に、もう一度登場してもらいましょう。

法律上の性別を変えるには

手術の話がでてきたので、ここで日本の法律の話をみておきましょう。

この本を書いている二〇二一年春時点、日本では法的に結婚ができるのは男女のペアだけです。ジュンも桜も、法律上は同性カップルですが、今のままでは結婚することができません。ただ、ジュンが女性から男性へ法的な性別変更を行えば、ふたりは結婚することができます。トランスジェンダーが法的な性別変更を行うためには、性同一性障害特例法という法律で、性別適合手術を受けることが求められています。

ジュンの場合であれば、卵巣を摘出する治療が必要です。

日本ではこの手術をやってくれる病院は少ないので、ジュンはタイに渡航してこの手術を受けようと考えています。胸の切除もしたいと考えているので、胸と卵巣、ついでに子宮もあわせて取るとなると一〇〇万円近くのお金が必要です。

ジュンは自分の胸がきらいで、いつも胸を平らにみせる下着（ナベシャツ）を着て生活しているぐらいですから、胸を取る手術はお金がたまり次第すぐにでもしたいと思っています。でも、卵巣や子宮を取る手術は、この法律がなかったら特にする予定はありませんでした。体の中にある小さな臓器で、特に外から見えるわけでもありません。わずらわしい生理は、男性ホルモン注射を二週間に一本打てばそのうち停止する場合がほとんどです。

だからジュンにとっては、胸以外の手術は戸籍の性別変更をするための手段でしかありません。それを桜には見透かされていて「私と結婚したいから手術するのかな」と不安にさせてしまっているというわけです。

トランスジェンダーの人が体の治療をどこまでするかは、個人差が大きくあります。

・ホルモン療法

外見の男性化、女性化をうながすための治療。トランスジェンダー男性の場合には、テストステロンの定期投与によってヒゲや体毛が濃くなったり、筋肉が増えたり、声変わりがおきたり、生理がとまったりする。トランスジェンダー女性の場合には、エストロゲンの定期投与によって肌がきめこまやかになったり、体が丸みをおびたり、乳房が発育したりする。いずれも効果には個人差があり、副作用もあるため、治療を希望する際には専門の医師に尋ねることを推奨します。

・手術療法

トランスジェンダー男性の場合には乳房の切除、子宮・卵巣の切除、ペニス形成など。

トランスジェンダー女性の場合には精巣の除去、ペニスの除去、造膣《ちつ》術など。

からだの治療をしなくても自認する性で日常生活を送り、それで満足だという人もいれば、ホルモン療法だけで満足する人、ホルモン療法はしないけれど胸を平らにする手術はしたい人、とにかくペニス形成まで終えたい人など、トランスジェンダー男性の中にもいろいろな人がいます。

お金もかかるし、健康への影響もあることですから、それぞれが自分の望む選択をするのが一番ですが、なかにはジュンのように「戸籍の性別を変えるために手術しようかな」と迷う人もいます。

また、日本の法律はとても厳しいので、戸籍の性別を変えたい人は独身でないといけないといったルールもあります。それは、もともと夫婦だったうちの片方が性別を変えてしまったら「夫がふたり」あるいは「妻がふたり」になってしまう、日本の法律は同性婚は認めていないのだからそういうのはダメだ、という論理です。

もともと相手がトランスジェンダーとわかった上で交際し、結婚するカップルもいます。結婚した後に相手がトランスジェンダーだと自覚してそのまま仲良くやっているカップルもいます。このような多様なカップルのあり方を、日本の法律は認めません。「離婚しないと、法的な性別変更ができないから」という理由で、仲良くやってきたのにペーパー上は離婚を選ぶカップルもいます。こういう現状を考えると、日本の法律はケチくさいなぁと毎度のことながら思います。

子どもと一緒に暮らす様々な方法

法律上の夫婦になれば、医療機関で人工授精などの医療行為が受けやすくなります。ですが、ジュンと桜のようなカップルで、法律婚をしなくても子どもを育てている人たちもいます。

血の繋《つな》がった子どもを持つ方法としては、信頼できる友人などに頼んで精子を提供してもらい、桜が妊娠・出産するというやり方があります。信頼できる友人を探して、協力をお願いするのは大変ですが、実際にそのような方法で子どもを授かり、育てているLGBTのカップルが日本でも少しずつ増えています。

ほかに血が繋がっていない子どもを家族に迎え入れる方法もあります。

今の日本では、虐待や親の経済的事情などで、親と一緒に暮らせない子どもが四万五〇〇〇人ほどいます。その子どもたちの大半は児童養護施設で、大人の職員さんと他のたくさんの子どもたちと一緒にすごしています。

海外では、親と一緒に暮らせない子どもは里親家庭ですごすのが一般的です。オーストラリアでは親元で暮らせない子どもの九割が、イギリス、アメリカでは七割が、里親の元で暮らしています。それは里親家庭のほうが、たくさんの子どもを職員がいっぺんに見ている児童養護施設よりも子どもにとって安心感があるからです。

里親家庭では、特定の大人が自分のことだけを見てくれます。その特別感、安心感が子どもの成長により良い影響を与えるというデータもあります。ところが、日本では親と一緒に暮らせない子どもの一割しか里親家庭で過ごせていない現状があります。なぜかというと、里親になろうという大人がとっても少なく、里親制度の存在自体がそもそもよく知られていないからです。

里親になる大人が増えたら、その分だけ、より多くの子どもたちが家庭的な環境で成長することが可能になります。そのため自治体によっては「里親になりませんか?」と広報をしたり、里親制度を知ってもらうためのイベントを積極的に開催しています。家庭的な環境を子どもたちに提供できる大人であれば、里親になることができるので、結婚をしている夫婦でなくても里親に登録することができます。子どもたちに寄り添うためのトレーニングを受ければ、LGBTのカップルでも里親になることはできます。

私のまわりにも里親になるための説明会に参加したり、実際に子どもを迎え入れたり(まずは週末からなど、いろいろなパターンがあるみたいです)しているLGBT当事者がいます。東海地方で、ゲイカップルであることをオープンにして里親になった方が、メディアのインタビューに応じ「迎えた子どもに『自分も大人になったら幸せな家庭を築きたい』『差別することなく色んな人と助け合っていきたい』と思ってもらえるような家庭にしたいと考えています」と答えていました。

このインタビューは、ＬＧＢＴであることをオープンにして里親になる方がまだまだ日本には少ないために行われたものでしたが、欧米圏ではＬＧＢＴが子どもを育てることは、もはや珍しくない景色となっており、日本でも近い将来、ＬＧＢＴのカップルによる子育てはもっと見慣れたものになっていくと思われます。

ちなみに私は現在、外資系の職場で働いていますが、インド人の同僚が「赤ちゃんがやってきたよ」といって、中国系の子どもの写真をみせてくれたり、それをまわりも「おめでとう」とお祝いしたり、という光景が当たり前にあります。私は「この人はそもそも妊娠していたっけ」と一瞬考えてから「ああ、そういうこともあるんだ！」と状況を理解しましたが、身近にこのような経験をしている人がいると、家族観がまた変わるものですね。

「普通」になるより相手と向き合う

一〇〇年ぐらい前の日本では、結婚は当人たちの自由意思では決められないものでした。どちらかのお父さんが「だめだ」と言ったら、結婚はできません。代わりに当人たちがイヤだと思っても、まわりが決めたら結婚させられてしまう、そんな世の中でした。今から思うとそんなのはおかしいと感じますが、当時はそれが「当たり前」でした。

これが第二次世界大戦が終わると改められ、結婚は当人同士が合意していればできることになりました。ここでは男女のカップルが想定されています。まわりがダメだと言っても、当人たちが良いと思えば結婚は成立します。でも、この時点では同性カップルの存在は想定されていませんでした。その頃、同性カップルが世界中のどこかでいつか結婚できるようになるだろうと予測できた人はほとんどいなかったと思います。

二〇二一年現在、世界中のかなりの国で同性カップルも結婚できるように法律が変わっています。正確には、近年認められているのは同性カップルが結婚できる権利というよりは「当人たちが良いと思えば結婚できる」という既存の権利に「性別にかかわらず」というひとことが加わった、という感じでしょうか。性別によって制限されてきた様々なことが、どんどん取り除かれてきています。

ジュンにとって、トランスジェンダーとして生まれたことは、なかなか簡単には受け入れがたいことのようです。「自分が普通の男だったら」という考えがどうしても頭をよぎってしまいます。桜が自分のことを好きでいてくれるのは理解しているつもりでも、本当は、自分のようなトランスジェンダーではなくて「普通の男」と付き合ったほうが桜は幸せになれるんじゃないかと思っています。

でも、桜はそうは思っていないし、ジュンが勝手に「桜はきっとこうだろう」と決めつけてくることが、むしろイヤだなぁと感じているようです。

ジュンの視点からは、桜と暮らす将来のために越えなくてはいけない障壁がたくさんあるように見えます。結婚するためには法律上の性別を変えなくてはいけないし、そのためにはタイで手術を受けなくてはいけません。一〇〇万円を貯金するためにはアルバイトは本屋だけでは足りないでしょうし、手術を受けるとなれば、いつかは「あの」お母さんにカミングアウトすることになるでしょう。

それらのすべてが重くのしかかりジュンにとっては「自分が普通の男ではないせい」と思えてならないわけですが、世の中の法律や「当たり前」は、変わるときには変わるものです。

いつかトランスジェンダーが希望しない手術をうけなくても、法律の性別変更ができる時代がくるでしょう。すでに海外ではそのような国が増えています。いつか結婚に性別は関係ない時代が日本にも来るでしょう。少なくともジュンと桜が生きているうちには実現するはずです。

ジュンは、スマホを投げたお母さんは「桜が女の子だから受け入れられなかったのだ」と解釈しましたが、お母さんも桜と会ってみたら、意外と態度が変わるかもしれません。「インターネットで出会った素性のわからない女」ではなくて、心優しくてしっかりしている人なのだと伝わるかもしれません。

そうやって分解していくと、ジュンは一人で先回りして「自分のせいだ」と考えたり「相手はこうだろう」と決めつけたりしすぎているようにも思えます。

二〇歳までに一〇〇万円をためるのは大変なことですが、貯金ができた頃には、もっといろいろなことを桜に相談できるようになっていてほしいな、とジュンには宿題を出しておきましょう。「普通の男」よりも「抱え込まない男」のほうが、いい家族を築けそうです。

コラム　朝ごはんを作るのはだれ？

ジュンの母、寺山の母、宇多田の母と、本章ではお母さんばかり登場してしまいました。父親はどこにいったんだと言われそうです。母はこうあるべしというプレッシャーが減れば家族のしんどさの多くが解消されるのではないかとも思います。

私の両親が一時期暮らしていた台湾では、朝ごはんは外で食べるのが一般的でした。家で作るよりもおいしいし安いし手軽だからです。台湾は共働きの夫婦が多いので、家事を減らす意味でも合理的に感じます。日本では朝ごはんを食べない子が多いことが問題視されていますが、忙しい親（そしてたいていの場合責められるのは母親）に家事をおしつけるよりは、美味しい朝ごはんやさんがあちこちに乱立してくれたら幸せになる人が多いんじゃないかなあと思っています。ちなみに台湾の朝ごはんメニューで私がイチオシなのは、熱々の豆乳に中華風揚げパンを浸した「鹹豆漿《シエントウジャン》」です。

あとがき

いわゆる多数派、つまりＬＧＢＴではない人たちが読んでいるうちに「あれ、これは自分のことだぞ」と思ってしまう本を作りたい。本書の企画をいただいたとき、最初に思ったことです。

この本は、性の多様性をテーマに扱っています。異性愛かつ性別違和のない人たちにとっては、普段あまり意識したことのない話題がたくさんあったはずです。ＬＧＢＴの当事者の経験を並べるだけでは「自分とは全然ちがうだれかの話」で終わってしまうかな、と思って、友達ってなんだろう、個性ってなんだろう、などと各章ごとに普遍的なテーマをじっくり掘り下げるような構成にしてみました。

性のあり方という指標でみれば、多くの読者は「マジョリティ」に属しているかもしれません。しかし、友達に言えない秘密に葛藤したり、恋愛の当たり前に苦しんだりしているとき、そこではマイノリティやマジョリティといった境界はほとんど意味をなさなくなります。普遍的なレベルで性別やセクシュアリティにまつわる違いを超えて、私たちには共感できることがたくさんあるのだということが、本書を通してもっとも伝えたかったことです。

本来、自分とは全然ちがう誰かの話であるはずなのに「あれ、これは自分のことだぞ」と感じてしまう瞬間、私たちは孤独ではなくなります。この世界に自分とまったく同じ人間は、ひとりもいません。自分のことをすべてわかってくれる人を見つけるのも至難の業です。でも、全然自分とはちがうはずの人が、自分の秘密と響き合う「何か」を持っていることが、ときどきあります。そんなとき、性別やセクシュアリティといった属性は重荷ではなくなります。

自分のことをLGBTだ、あるいはそうかもしれないと考えている読者のみなさんには、今を生きのびるための言葉を届けられたら、と思いました。たとえば世の中には「カミングアウトをしてうまくいった人の感動する話」は多く見つかりますが、カミングアウトしたいのにできないでいる人、あるいはカミングアウトしないことに決めた人が、この世界で居場所を見つけるための話は、ほとんど見当たりません。ひとりで難しい状況にいる読者がいることを想像しつつ、それでも他者とどうやって繋《つな》がっていけたらよいかを考えながら、各章を綴《つづ》ってみました。

各章の登場人物は、いかがでしたか。共感しやすいキャラクターもいれば、「この登場人物は自分とは全然感じ方が違うぞ?!」ということもあったのではないかと思います。第二章の大なわとびの話は、読者によっても随分感じ方が分かれそうです。多様性について考える上で、あえて読者にモヤモヤしてもらうのもいいのではと思って、意見が分かれそうなトピックを挟んでみました。大なわとびの練習を続けたほうがいいと考える人も、廃止したほうがいいと考える人も、よかったら感想を聞かせてもらえるとうれしいです。

本書の執筆にあたり、ちくまプリマー新書編集部の橋本陽介さんには大変お世話になりました。また、ＬＧＢＴの子どもや若者の居場所である「にじーず」に参加しているユースたちからはたくさんの元気と気づきをいただきました。重ねて感謝申し上げます。

相談機関や団体のご紹介

ＬＧＢＴ当事者や家族、友人などが使える相談先を一部ご紹介します。他にも各地にＬＧＢＴ当事者や家族の支援団体があります。ウェブ検索で地元の団体を探すほか、電話相談機関に連絡して地域の団体情報をたずねる方法もあります。

よりそいホットライン

二四時間三六五日やっている電話相談。四番が性別の違和や同性愛などに関わる専門相談となっている。どなたでも利用可。

０１２０-２７９-３３８

にじいろ talk-talk

セクシュアリティに関する無料ＬＩＮＥ相談を毎月開催している。

詳細はこちらから。

https://twitter.com/LLinq2018

にじーず

一〇代から二三歳までのＬＧＢＴやそうかもしれない人が参加できる居場所。二〇二一年時点で、札幌、埼玉、東京、京都、岡山（夏以降）で活動している。参加費は無料、ゲームをしたり絵を描いたりお話をしたり、参加者は自由に過ごせる。大人や当事者以外の方が勉強目的で参加することは不可。

https://24zzz.jimdo.com/

NPO法人LGBTの家族と友人をつなぐ会

LGBTQの家族や友人による会。東京、名古屋、神戸、福岡で交流会を行っている。

http://lgbt-family.or.jp/

NPO法人SHIP

神奈川県内で当事者の居場所づくりをしている他、電話相談やカウンセリング、当事者の家族向けのグループもある。詳しくはホームページから。

http://ship-web.com/

NPO法人QWRC

大阪府内を拠点に活動する女性とLGBTのためのリソースセンター。若者が集まれるイベントやカウンセリングを実施している。

http://www.qwrc.org

ちくまプリマー新書377
みんな自分《じぶん》らしくいるための　はじめてのＬＧＢＴ

二〇二一年六月十日　初版第一刷発行

著者　遠藤まめた（えんどう・まめた）
装幀　クラフト・エヴィング商會
発行者　喜入冬子
発行所　株式会社筑摩書房
東京都台東区蔵前二‐五‐三　〒一一一‐八七五五
電話番号　〇三‐五六八七‐二六〇一（代表）
印刷・製本　株式会社精興社

ISBN978-4-480-68403-5 C0236　Printed in Japan